巧妙支配97%人心的

暗黑心理學

気づかれずに主導権をにぎる技術

→57個攻心法則，
→讓你掌握大局，
→隻手遮天

亞洲NO.1讀心師
小羅密歐・羅德里格斯／著　卓惠娟／譯
Romeo Rodriguez, Jr.

※本書2018年曾以《主導權：支配的技術》之書名上市

CONTENTS

目次

前言　掌握主導權，所有事情都能如你所願 013

CHAPTER 1
無往不利！什麼場面都能掌握主導權的手法

1 善用「無中生有的借貸」，讓對方報答 020
以「回報性法則」，取得心理優勢

2 拜託麻煩事時，運用「狗跳欄」 024
在馬的面前吊根胡蘿蔔

3 「遲到」策略，普丁也常用 027
讓對方焦急，取得支配地位

4 價格談判時，先說出「數字」的先贏 031
運用「定錨效應」，設下基準

5 以「虛偽的真心話」，引導出心內話 034
取信對方的話術

6 拜託他人時，應學會的技巧 038
看準時機，入侵個人空間

7 需提出緊急請求時，善用「僵直反應」 041
突然拍肩，效果有如催眠

8 「強權握手」的威力 044
一個動作，瞬間掌握主導權

9 發生糾紛時平安脫身的最佳方法 048
利用「月暈效應」，完美偽裝

10 一眼看穿有機會進一步發展的訣竅 052
留心下意識的肢體語言

11 刻意不回覆，引起對方掛念 055
未完待續，讓人忍不住在意

12 令人神魂顛倒的「特定化」魔力 059
人總偏愛喜歡自己的人

CHAPTER 2
游刃有餘！任何談判都能占上風的方法

1 稀有性原理，讓對方用不到也想要 064
訴求價值就能抬高價格

2 選定在「主場」和對方談判 069
在我地盤這，就得聽我的

3 掌握三關鍵，不被初見面的對象小看 072
塑造令人生畏的權威感

4 有缺點照樣賣到翻的「正向框架」 076
學起來，沒有賣不掉的商品

5 訴求「難以到手」，為購買欲煽風點火 079
限量是殘酷的，但你得強調

6 「二擇一」的力量 083
誘使對方做決定的技巧

7 縱使高價也搶手的「凡勃倫效應」 087
價格越高，越有價值的錯覺

8 掌握「說服模式」，簡報連戰連勝 091
找尋對方重視的優先事項

9 膠著會議中，有句話能打破僵局 095
刻意引發面子問題

10 就算對方覺得不可能，也能答應的祕訣 099
利用從眾心態主導結果

11 「午餐技巧」，讓對方欣然答應麻煩事 103
避免對立，提高成事機率

12 一封郵件讓對方答應請求的技巧 106
以「斯德哥爾摩症候群」動搖心理

CHAPTER 3

華麗上班族！隨心所欲駕馭辦公室政治的密技

1 運用「迂迴話術」，巧妙事先磋商 112
事先疏通，成功之路暢通

2 絕對能贏得對方歡心的「刻意讚美」 116
找出從沒有人讚賞的部分

3 利用「角色效應」，主管立刻成為靠山 120
打進主管的私領域

4 越是做不好，越要不吝讚賞 124
用「矛盾意向法」，引導對方

5 讓部下達成困難目標的「同儕壓力」 128
「看似讓步，實則在施壓」的技巧

6 秒速與對方拉近距離的「自我揭露」 132
多提失敗談，反而得人緣

7 運用「樂隊花車效應」，整合意見 136
提供多數派說法，有助擺平歧見

8 要讓對方冷靜，就「不要叫他冷靜」 140
善用「同調行為」讓對方仿效

9 將仇敵變夥伴的心理技巧 144
「富蘭克林效應」，助你「無敵」

10 製造「共同敵人」，化敵為友 148
和對方共同分享「恐懼」

11 運用「溫莎效應」，迅速拉近彼此距離 151
向「第三者」讚美當事人

12 「生疏的人際關係」是一種武器 155
新人更要主動嘴甜

13 敵友立見的魔法言語 158
佯裝誤會，刻意找碴

14 讓人留下強烈印象的一點訣 162
「初始效應」與「時近效應」

CHAPTER 4
情場高手！
在男女交往中準確掌握對方內心的妙招

1 不要苦追，而是趁虛而入 168
杜鵑不叫的話，等到牠叫為止

2 就算被拒絕，也不要洩氣
隨時給對方一顆「糖」 172

3 初次約會時，找機會讓對方看手心
攤開雙手，解除對方警戒 176

4 利用「黑暗影響力」在約會時操控對方
煽動讓對方恐懼的心理 180

5 故意拉開距離，反能追到「理想型」
理想化的心理效應 184

6 必定擄獲芳心的「米開朗基羅效應」
掌握對方的理想 188

7 讓對方轉怒為笑的方法
「間隔效應」，不讓情勢升溫 193

8 在「右耳」提要求，什麼都答應
人腦偏好右耳聽到的聲音 197

9 是否說謊？觀察眼睛怎麼「移」 假如對方眼神往左上移動…… 201

10 如果做錯事被發現…… 緊抱對方可讓對方消氣 205

11 如果到了必須提分手的時候…… 巧妙利用「標籤效應」 208

CHAPTER 5 威力強大！讓對方無路可退的究極心理技巧

1 給人下馬威的技巧 像關在籠裡的鯊魚一樣凶暴 212

2 挫對方銳氣的有效技巧 製造讓對方心態鬆懈的機會 216

3 巧妙運用「流言」 即使無風，也會起浪 221

4 孤立他人的方法 活用「黑白棋效應」 225

5 合法的威脅法 幻想偏見效應 228

6 別被崇高的理念洗腦 任何人都可能被洗腦 233

7 一句話，讓對方成為囊中物 越得不到就越想要 236

8 讓對方心生依賴的最惡技巧 「社會隔離」的強大威力 240

結語 如蛇如鴿，各種場合都能掌握主導權 245

前言

掌握主導權，所有事情都能如你所願

我們的生活，其實是由各式各樣的「人際關係」形式所組成的。

以工作來說，主管、部下、前輩、後輩、同期、往來窗口、客戶……

以私生活來說，男友、女友、朋友、家人、鄰居……

正因如此，「人際關係」才容易成為我們煩惱的根源。

比方說，你是否有下列煩惱？

• 主管作風保守固執，對你的創新提案置若罔聞。
• 雖然有事要交辦卻找不到時機，因為部下似乎很忙碌。
• 和交易對象談判，卻被上級交代必須緊守嚴苛的價格底線。
• 希望一直無法做下決定的客戶，能夠痛快簽約。
• 面對心儀對象，希望能判斷是否有機會進一步交往。

要徹底解決這些煩惱，其實有個如魔法般的處世技巧。那就是**主導權——支配的技術**。只要學會這套心理技巧，不論對方是主管、部下、男友、女友、意中人……都能在對方毫無所覺的情況下掌握主導權，讓對方接受自己提出的意見或是主張。

十多年來，我一直從事讀心師工作，將「讀心術」技巧之推廣當成我的使命。

或許有人對「讀心術」抱持不好的印象，但其基礎其實來自心理學，是以科學為根據，讀取他人想法進而操控對方的技巧。我因為精通這門技巧，得到以專家身分上電視節目的機會，並曾在二〇一〇年於香港大學講授「讀心術」課程。

除了這些經驗，我想與各位讀者稍微簡述我個人特殊的成長背景。

我於一九七二年生於香港，輾轉移住英國、加拿大、日本，我曾和被視為「黑道」的一群人有過往來。我個人也曾在加拿大賭場擔任過荷官（發牌員），由於工作性質之故，無法避免地會與當地的幫派分子打交道。

有時候免不了也會和他們發生糾紛，這時候能派上用場的，便是**在不知不覺間掌握主導權的技術**。

只要一個應對不當，下一秒不知道會慘遭什麼樣的毒手。在這樣的環境下，也促使我磨練出讀取並操控他人想法的技巧。

他們雖是道上兄弟，也是在嚴苛的心理戰中存活下來的專家，因此從與他們交手所學到的經驗更是寶貴。

但我希望各位千萬別誤會，我並不是要各位去學習如何犯法、學會見不得光的伎倆，也沒有想美化「犯罪分子」的意思。

本書將隨時介紹我所得知的黑社會中具代表性的心理控制案例，同時也會說明實用的心理技巧。

不過這是因為我希望各位能了解，為了對抗他們所使用的「不良心理術」時，你所該具備的知識。

英國作家安娜·史威爾在她的小說《黑神駒》中，寫了這麼一段話——

「凡我洞悉透徹的，我則無所畏懼。」

透過知識，能使人產生面對困難的勇氣。

本書將介紹在任何場合都適用的有效心理技巧，無論是商場、職場、情場還是菜市場，請不妨多找機會一試，體會如何巧妙地掌握人際關係的主導權。

※小提醒：因為每項技巧的效果都十分強大，請千萬不要用來為非作歹！

YOU ARE IN THE DRIVER'S SEAT

CHAPTER 1

無往不利！什麼場面都能掌握主導權的手法

1

善用「無中生有的借貸」，讓對方報答

以「回報性法則」，取得心理優勢

這一章，我會先就生意談判、辦公室政治、戀愛等各方面都能使用的實用技巧來彙整說明。

各位不妨視為本書的精華，從喜歡的部分開始閱讀也沒關係。

「不要向人借，而是要製造借出的關係」，這是在人際關係中占優勢的大原則。

原本人類就有「從他人那裡接受的，就必須回報才行」的情感特質。

也就是所謂的**回報性法則**。如以日常生活的情況來思考，比方說百貨公司的食品賣場試吃，不就是這樣嗎？

為了比對方站在更優勢的位置，巧妙地運用這個法則，刻意製造「借出」的關係便是關鍵。

而且，**即使「借出」的內容是虛構的也沒關係**。

我曾經認識一位混黑社會的人。

他很擅長無中生有地製造出借出關係，運用借出的人情，讓對方對他言聽計從。比方說像下面這種狀況。

「喂！你以前被條子抓走時，你知道是誰在背後挺你嗎？」

「你那件買賣賺了不少吧？什麼？你不知道我暗中出了不少力嗎？」

人類有趣的地方是，聽對方這麼一說，過去的記憶就變得不是那麼可靠，而誤以為「啊，好像有這麼回事」。

（當事人大笑著說：「這還用說嗎？當然是騙他的，根本沒人會去調查背後是有誰在運作！」）

像這樣，若想處在比對方更有優勢的位置，並不需要實際做什麼借出的行為，只要似有若無地暗示就夠了。

運用在商場上的話，比方說如果對其他部門的人這麼說，就能掌握主導權。

「你記得吧，之前發生客訴的那個案子，我們部門為了協助你們也忙得人仰馬翻，這回就請你們也撥一些人力幫忙吧！」

關鍵在於**開口時要帶著充分自信，讓對方覺得「好像真有這麼回**

事」。如果對自己說的內容缺乏自信，立刻就會露出馬腳，所以一定要非常小心。

當然，要是真的有恩於對方，對方真的欠你一份人情，就不必像這樣捏造。希望各位能在關鍵時刻，記住這項祕訣。

POINT

大方地向對方討人情，即使根本沒這回事也沒關係。

2

拜託麻煩事時，運用「狗跳欄」

在馬的面前吊根胡蘿蔔

黑幫的世界，基本上可說整天都在處理許多「麻煩事」。因為是以非法買賣來賺錢餬口，所以為了避過警察耳目，臨時拜託生意對象麻煩事，可說是家常便飯。

比方說經手毒品時，鉅細靡遺指示毒品的運送方法，突然改變收受現金的地點等。這類對於對方而言極為麻煩的事，在交涉過程中就會運用許多形形色色的心理技巧。

這裡先介紹其中一種稱為**狗跳欄**的心理技巧。

簡單來說，就是**向對方提出「獎賞」**。就像在賽狗競賽的賽犬前吊一塊肉的效果，以日本諺語來說，就是「在馬的面前吊根胡蘿蔔」。

以商務情況為例，比方說突然需要向交易對象追加商品採購數量一百套，但對方交貨期可能來不及時，可採取如下的談判方式。

「其實，和我們有關係的某公司，聽說下次也預計要向你們訂購，不過若是這一次你們無法如期交貨，恐怕和他們的交易也會告吹。如果實在來不及，你們能不能設法請外包廠商幫忙，以便趕上交貨日期？不然就這樣錯失新的生意機會也很可惜……」

必要的話，就算是編造的內容也無所謂。

事後只要說「之前提的那件事，因為對方後來情況有些變故……」就行了。當然，有人會因而感到良心不安，而且如果一再濫用，也會失去好不容易建立的信用。

希望這個技巧，只用在真的無可奈何的時候。

POINT

適時分析利害關係，讓對方心甘情願做不樂意的事。

3

「遲到」策略，普丁也常用

讓對方焦急，取得支配地位

二〇一六年訪日的俄羅斯總統普丁，向來給人「遲到大王」的印象。在日俄高峰會時，他以「處理敘利亞問題相關事宜」為由，遲到快三個小時。二〇一五年，與羅馬教宗的會談也遲到了將近一個小時才出現。

甚至有媒體人士表示：「以普丁來說，只有遲到一個小時，是他尊敬對方的表現。」

或許有人會納悶，為什麼這麼愛遲到？其實普丁的遲到惡習，很可能是一種策略性運用。

事實上，**刻意比對方晚到，就能讓自己在心理上占優勢**。

從等待的一方來看，等於是不得不為了對方撥出多餘的時間。而且，等待一個不知道究竟什麼時候出現的對象，就意謂著無法離開那個場所，不知不覺中在腦海中刻下自己受對方支配的印象。

藉由遲到，可以取得**立場的優勢**。

但是，必須留意的是原本和對方的關係。**如果是地位原本就遠高於自己的對象，便無法藉遲到來逆轉優勢**。

因此在黑道的世界，毒品交易等對象雖然可以使用這一招，但要是地位低的小弟對大哥用這一招，當然會令對方勃然大怒。

前面提到的普丁，也是因為他完全了解自身處在俄羅斯這個大國總統的立場，所以才敢運用這個心理技巧。

若是在商業場合，一定要注意這一點。

假如需要和彼此是競爭對手的同事、希望和你做成生意的業務會面時，不妨思考看看遲到多久較適當。

如果有效的話，之後的提案或談判應當也會非常順利。

另外，不限於工作，也能運用在聯誼或情侶間的會面等情況。

老是認為「不好意思遲到……」，將永遠都無法掌握主導權。

請鼓起勇氣，大膽嘗試看看。

POINT

如果對方地位原本就遠高於自己，就無法逆轉。

4

價格談判時，先說出「數字」的先贏

運用「定錨效應」，設下基準

我的出生地香港那裡的黑道，進行談判時，都說他們會遵守以下原則，那就是**價格談判必須由己方開口**。

非法販賣毒品或槍械等買賣，雖然還是有行情，但幾乎沒有什麼誠實、公道價可言。

但是，因為黑社會中也有「競爭」，思考如何在競爭中拔得頭籌，重要的是先提出價格。

其中的原因是，先說價格的話，人們就會以這個價格為基準，只能從這個基準去判斷。

假設說出「這款藥是一百美元」，就會以這個價格為基準，低於一百就覺得很便宜，高於一百就覺得很貴。

或許有人會認為，「先說出價格的話，競標對手要是提出更便宜的價格，不就輸了？」

不過，這就是黑社會有意思的地方，他們最害怕的是被外人看輕，認為「那個組織沒錢」。因此不會輕易地流於低價競標，有時因應狀況，甚至會支付比提出的價格更高的金額。

像這樣先提出價格的策略，心理學的專業術語稱為**定錨效應**（Anchoring Effect）。

所謂「定錨效應」，就是**先前提出的數值（錨點）會成為基準，影響後面所做的決定**。以上述的例子來看，「一百美元」是錨點，影響了後續在心理上覺得便宜或昂貴的判斷。

把這個技巧運用在一般的商務場合，例如想購入某商品時，不妨**一開始就先提出期望價格**。而且態度強硬一點也沒關係，盡可能提出比期望值更低的金額，不論這個金額是否合適，都會成為最初開口金額的「錨點」。

相反的，如果你是賣方，則要盡量提出較高的金額來議價。

接著再舉出各項價格高的因素，價格稍降到買方有能力購買的價格時，就不至於發生必須被迫廉價售出的困境了。

定錨效應對於商業人士來說是非常重要的心理技巧，請務必記住。

POINT

先喊聲的真的可以贏。

5

以「虛偽的真心話」，引導出心內話

取信對方的話術

人類是一種很難說出內心話的動物。

如果對方並不是很信任你，應該很難對你說出真心話吧？

就這點而言，黑道團體的老大，其實都是擅長套出部下內心話的人。電影中看到的以恐懼來支配部下的畫面幾乎很少出現在現實中，他們是以更冷靜溫和的方式，讓部下敞開內心。

其實，**希望對方說出真心話，只要自己先說出心內話就可以了。**

人們傾向信任對自己坦白說出一切的人，並因此產生信賴感。

或許有人會認為「自己說出真心話」很困難。不過，並沒有必要一五一十地什麼都坦白，再怎麼說，都只需說些「聽起來像真心話」的內容就夠了。

我曾來往過的某個黑道團體的老大，就是個這樣的人。他對部下說的話聽起來宛如真誠無偽，後來知道全是一片謊言時，當然會大受打擊。

要說出聽起來像真心話的內容是有技巧的。

那就是**稍微停頓片刻再開始說話**。

人們撒謊時說話速度容易變快，所以藉由停頓一下再說，就能讓對方誤認為你對他敞開內心。

另外，希望各位注意要**慢慢地說**。慢慢地說就能讓對方覺得你很冷靜，甚至認為你很誠實。

或許有人會擔心，會不會如同前面說的那個大哥般，後來被發現並非真心話。

但是，這樣的擔心完全沒必要。只要能夠一開始獲得對方的信任，事後的解釋就算有點牽強也能產生效果，畢竟是為了引導對方說出心內話。

比方說，「當時我所說的話好像是贊成部長的意見，其實是為了讓你說出你的真正想法」。

只要對方相信你，聽起來就會像是真心話。

POINT

稍微停頓、慢慢說，你的每句話聽來都像發自內心。

6

拜託他人時，應學會的技巧

看準時機，入侵個人空間

當黑道分子要威脅他人，在實際運用時採取的有效做法，就是**縮短與對方的距離**。

也就是說，彼此的身體距離越近，對方就會越覺得恐懼。

這和所謂的**個人空間**有關。雖然有個人差異，但每個人都會有一個跨過該範圍就會感到不愉快的空間，一旦侵入這個空間，就會令人感到焦躁或恐懼。

不知道各位有沒有過在高速公路行車時，後方車子突然加速超車到你前面，讓你覺得很煩躁的經驗？這也可說是一種個人空間的侵害。

相反的，和喜歡的異性約會的話，當超越彼此的個人空間時，就會覺得心情非常愉快。

藉由像這樣意識到對方的個人空間，就能輕易地操控對方。

比方說，想拜託看起來很忙碌的後輩或部下處理雜事的時候，不妨**利用突然侵入個人空間的方式，然後拜託對方**就好了。

當對方在個人空間被侵入而感到驚訝的瞬間，會有是自己容許對方如此靠近的誤解，因而在不知不覺中接受你所委託的雜務。

雖是閒話，但牛郎或酒店小姐等從事夜生活工作的人，也經常使用這個技巧。

所以當酒店小姐把手放在客人的大腿的時候，假如只知一味傻笑，下一秒說不定就會答應了很離譜的要求呢。

POINT

如要提出委託，記得找時機拉近身體距離。

7

需提出緊急請求時，善用「僵直反應」

突然拍肩，效果有如催眠

前面敘述了侵入「個人空間」的心理效果。這裡則要說明進一步的運用，向忙碌的部下或後輩提出緊急要求的技巧。

那就是運用如同催眠術般的**僵直反應**。

所謂「僵直反應」，就是對方被動地持續保持同一姿勢，不會也無法按照自己的意思做改變的狀態。

比方說，指示對方緊握拳頭，然後加以催眠暗示：「你握住的手已經張不開了，不論怎麼用力都無法張開。」結果就真的無法張開，這就是

「僵直反應」。

如果將此技巧運用在職場上，可參考以下順序。

首先，是發現在辦公室似乎很忙碌的部下，不著痕跡地從他背後靠近。

然後，**突然從他背後拍他肩膀，提出你的請求**。

對方因為個人空間瞬間遭到入侵，身體因而僵硬，於是被誘導出僵直反應。

在對方進入輕微催眠狀態下提出處理雜務的請求，基本上不會遭到拒絕。

如果辦公室裡有主管頻繁使用這個方式來拜託部下接下工作，很可能便是熟知這個技巧。

雖然我不喜歡掀自己的底牌，不過我也常使用這個技巧。附帶一提，到目前為止我用這個技巧委託對方做事，從來沒有被拒絕過。

POINT

當對方進入輕微催眠狀態，基本上不會拒絕請求。

8

「強權握手」的威力

一個動作，瞬間掌握主導權

本書會介紹所有運用心理技巧、掌握主導權的方法。以下要說明的是當中特別簡單的技巧。

那就是**強權握手**。也就是握手，而且是強而有力的握手。

在國外時，讓我發現「啊，這個人是日本人」的瞬間，就是在剛碰面或者要告別之際的寒暄時。

因為在這些情況下，日本人基本上都不握手。

因此，我才希望大家務必學會，因為藉著握手的技巧，就能掌握主導權。

這個握手技巧可以運用在任何時機，對日本人而言，容易運用的大概是告別之際。

比方說和客戶聚餐後，對方在進入車站或要坐進計程車前，請試著要求和對方握手。

這時候，**單手強而有力地握住對方的手，同時以另一手確實去碰觸對方握手的手肘一側**。

雖然只是小小的動作，但這個動作能讓對方在不知不覺中，產生「這個人位階比我更高」的感覺。

會有這種感受的心理，有很多種說法（比方說類人猿也是以同樣行為而產生排序），以物理性來說，手和肘部被壓住，也會產生極大的壓迫感。

請務必趁著對方有醉意時，試著掌握主導權。

道上兄弟的世界、政治的世界，同樣是相互爭奪主導權，多數人都是刻意使用這個握手方式。

即使是我也沒看過黑道團體聚會的情況，但是政治家彼此會談或討論的影像，在網路上就可以看得到。

觀看這些影片，觀察哪個人對於哪個對象顯示「我比你地位更高」，其實很有意思。

閒話一句，我個人非常謹慎地使用這個技巧。

說實話，正因為知道「強權握手」的效果，所以對於主動要求握手的日本人會抱著戒心。

更別說對方企圖來碰我的手肘，不論對方是誰我都會立刻鬆開手避免這種情況發生，而且大概也不會再和對方見面了吧。

其他心理技巧也是相同道理，**對於了解該技巧的人使用這些技巧，反**

而會令對方覺得「這個人企圖控制我」。
千萬要小心留意。

POINT

多加練習此技巧，每一次都能先發制人。

9

發生糾紛時平安脫身的最佳方法

利用「月暈效應」，完美偽裝

像日本這麼安全的國家，只要過著平民百姓的生活，其實不太可能和犯罪團體有所接觸。

話雖這麼說，不久前引起社會上人心惶惶，被稱為「地痞」（日文為「半グレ」）的不良分子潛伏在社會之中，所以即使在繁華鬧區也會有被不良分子糾纏的可能性。以下就告訴各位遇到這種情況時能夠加以應用的技巧。

首先，先告訴各位幾件絕對不能做的事，那就是——企圖講道理、擺出吵架的態度、突然落跑。

這如果從對方的視角來說明應該更容易明白，三個選項當中，姑且不談擺出吵架的態度，突然落跑就等於讓對方看出你的弱點。

不過，企圖講道理也有個陷阱。

對於黑道分子而言，如果企圖跟他講道理，講話方式自然就會變成有如要駁倒對方。這麼一來，對方就更容易藉故找碴，反而造成反效果。

當被黑道糾纏時，最好的方式就是**「冷靜」應對**。冷靜，和前面提到的講道理似乎很相似，其實不同。

最容易了解的，就是偶爾電視上可以看到警察和黑道之間的對話。警察即使被那些黑道分子挑釁也不會反駁，而是幾乎面無表情地回答：「是的，沒錯。嗯。我知道了，確實如此。」

所謂冷靜的人，就是指類似這樣的人，即使情緒再激動，也不是以言詞反駁，而是以冷靜的態度面對。

要是遇到地痞流氓糾纏不清時，不要對煽動或恫嚇的言語有反應，要想反擊就以冷靜平淡的態度面對吧！這麼一來，或許對方會誤以為你是警察或律師之類的人物。

這就是心理學上稱為**月暈效應**（Halo Effect）的一種情況，基於顯著的特徵或表現（這裡是冷靜），足以扭轉對方的評價。

不論地痞流氓對你如何挑釁，總之就是冷靜以對吧！

如果這麼做還是無法解決，只要告訴他「如果還有意見的話，大家法庭見吧！」只要不是太嚴重的事，對方應當會知難而退。

POINT

情緒再激動也不以言詞反駁，而是以冷靜態度面對。

10

一眼看穿有機會進一步發展的訣竅

留心下意識的肢體語言

明明以為「這個女生好像對我有意思」，實際上採取攻勢後，對方卻說：「我已經有其他喜歡的人了。」因而深受打擊的男性，我想應該不少。

或許有人百思不解，「明明我看她言行舉止就是對我有意，怎麼會這樣？」原本男性就是單純容易會錯意的動物。如果一直憑直覺判斷，永遠也無法了解女人心。

以下也是從黑道的生存智慧中尋求啟發。

雖然不知道本名，和我有來往的某個黑道大哥中，有位人稱「萬人迷」的男人。

他正是這麼身經百戰的撩妹高手，他的手腕高明，只要是他中意的女性，都能讓對方成為自己的女伴。

這樣的他，經常語帶自豪地說：「判斷女人是否對自己有意實在太簡單了。**只要看肢體接觸的頻率和身體的方向就知道了。**」

這個技巧，也符合心理學的道理。

肢體接觸就像各位知道的，有時女性碰觸你的身體，要不是在風月場所遇到的女性，要不就是工於心計的女性所刻意做出的行為，所以不能單純地信任。

應當注意的是**肢體接觸時，身體朝哪個方向**。

所謂身體的方向，指的是**上半身**、**雙腳**及**腳尖**的方向。只要其中一個部位沒有朝著你，可能就需要注意。

人們對於厭惡的人一定會產生抗拒反應，尤其是**腳尖的反應最明顯**，最好要注意。

相反的，如果這三個部位都朝向你，而且有頻繁的肢體接觸，應該就可判斷對你有意的機率相當高。

POINT

觀察腳尖方向，就知道對方是否有意。

11

刻意不回覆，引起對方掛念

未完待續，讓人忍不住在意

黑道恐嚇一般人時，通常反而「不說出決定性的一句話」。比方說，追討欠債的人時，跑到對方所在的地點，盯著對方：「警告你！三天後要是沒把錢準備好……」故意不把話說完就掉頭離開。

這種手法雖然主要是為了避免留下決定性的證據，同時也是藉著這麼做，讓對方不由得產生恐懼。而且還能達到一個效果：**雖然一句話都沒說，卻能讓對方自行想像「最可怕的場面」**。

這項心理技巧稱為**蔡戈尼效應**（Zeigarnik Effect）。

這是由前蘇聯的心理學家蔡戈尼所提出。

人們對於無法達成的事項或中斷的事項之記憶，比完成的事項更深刻。

事實上這項心理技巧，不僅可製造如上述的恐怖場景之效果，也適用於男女交往之間。

比方說，和心儀的對象以LINE互相傳送訊息後，你送出

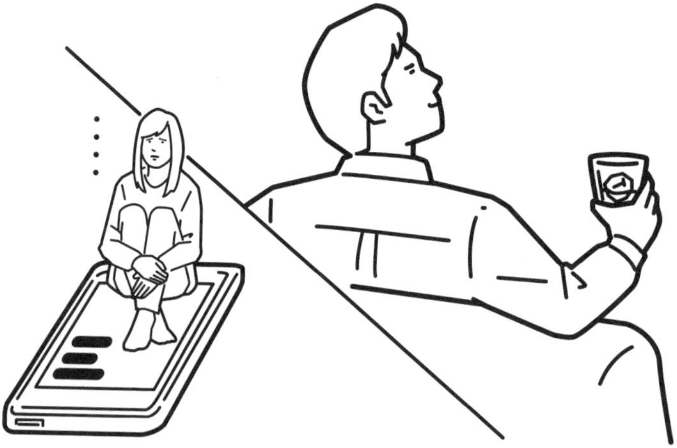

「那麼，明天晚上我再跟你聯絡」，然後就這樣結束對話。

接著，第二天晚上故意不和對方聯絡。

這麼一來，對方因為惦記著接下來不知道你想跟他說什麼，所以腦海中會一直記掛著你。

藉著LINE，也可以讓對方成為自己的囊中物。

閒話一句，近年的電子報宣傳也會運用這個效應。

比方說，電子報的郵件主旨寫著「其實，我被逮捕了……」九成左右的人，會很在意內容而打開郵件。

當然，郵件內容必須確實說清楚，其實是有名的大人物被逮捕的話題等。

在當今資訊爆炸時代，這項技巧可說是相當有效的技巧。

不論是私人生活或是商場上，只要具備這類心理技巧與知識，就能比

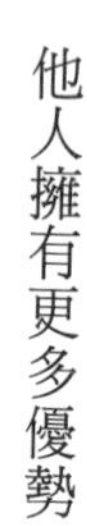

他人擁有更多優勢。

12

令人神魂顛倒的「特定化」魔力

人總偏愛喜歡自己的人

銀座的俱樂部等場所，把工商名流玩弄於掌心，而後登上店裡的第一王牌的女公關大有人在。不論香港或加拿大，都有類似這樣的人。

我所認識的人當中，也有為了把黑道老大或黑社會高層幹部收為囊中物，用盡各種手段的女性。其中有位當時二十五歲左右，名叫米勒的女性，令我印象特別深刻。

她在加拿大人當中算個頭嬌小，但身材極好，是外表看起來和黑社會很不搭調的清純女性。

但是，把男性玩弄於掌心之上是她的真本領。就連我看到也覺得窮凶極惡的男人，在她面前也柔順得像隻小貓，令我覺得她手段非常高明。

如今回想起來，米勒使用的是極為普遍的技巧，在心理學中稱為**特定化**的技巧。

這是激發「社會認同需求」（希望得到他人認同，受到特別待遇的欲望）的心理技巧，運用**人總會對於認同與肯定自己的人，特別抱有好感的心理**。

舉例說明。

例如，附近的海邊有一家可以看到美麗景致的餐廳，如果希望對方帶你前往，一般大概會說：「我好想去那家餐廳喔！」

這麼說或許對方也會很開心，但更棒的勸進技巧是「特定化」。

「我實在好想和你一起去那家餐廳。因為想和你一起觀賞美麗的風景。」

只想和「你」一起去這樣的「特定化」說法，就能使聽者的感受完全不一樣。

以下整理「特定化」技巧的使用重點。重點有三個。

首先，**增加喊對方名字的頻率。**

再來，**表現出「我想和你一起做〇〇」的限定感。**

最後，**為邀請的事項，加上合情合理的理由。**

以剛剛的例子來說，「想和你一起觀賞美麗的風景」，就符合這個道理。

或許受歡迎的女性自然就會使用這個技巧，這個技巧就是這麼普遍。

所以，不論什麼時代或是男是女，這都是必然有效的方法。

POINT

人會對於認同與肯定自己的人，特別抱有好感。

CHAPTER 2

游刃有餘！任何談判都能占上風的方法

1

稀有性原理，讓對方用不到也想要

訴求價值就能抬高價格

這一章要介紹的是交易、簡報、會議等所有談判場合能運用的心理技巧。

以前我曾聽過一個黑道說，交易毒品時，有時會謊報「交易量」。以下包括數字在內雖然都是虛構的例子，但為了加深理解，請各位繼續閱讀。

比方說，你擁有十公斤毒品，打算以這些毒品來進行交易，單純思考的話，大概會認為把十公斤全部賣光就是完成任務。

但是，黑道的作風則是謊稱「我現在手上只有七公斤」。

你一定很納悶「為什麼？」其中自然有其道理。

假設十公斤你賣一千萬圓，全賣出後可以拿到一千萬圓，但毒品已全數賣給對方。

這麼一來你已經沒有任何東西可以賣，也就是說從對方的立場來看，你已經沒有貨可以賣他了，如果想要貨品，只好去找其他人。

這時，就是剛剛撒的謊派上用場的時刻了。

首先告訴對方自己手中有七公斤，於是先賣出七公斤賺到七百萬圓。

然後，當對方再來找你時，「我現在手上雖然有三公斤，但接下來什麼時候才能有貨我也無法保證，原本應該五百萬圓賣你，不過看在你之前跟我買過的份上，四百五十萬圓怎麼樣？」以這樣的方式抬高價格。

雖然就對方而言價格稍微高了一點，但再怎麼說，因為以稀有的貨品到手為優先，所以就算價格高一點，交易也能成功。

這便是運用**稀有性原理**的心理技巧。

或許你也有過類似經驗，上街購物或在網路上購物，「限定十個」「限定一天」「限定現在起算一個小時內打電話來的顧客有特惠價」等，四處皆可見訴求稀有性的宣傳。

就顧客的角度來說，是認為這些商品有比價格更高的價值存在，於是原本冷靜想想可能其實是價格高昂或不需要的商品，卻不由自主地買了下來。

稀有性除了「量」以外，也能運用於「時間」概念上。

比方說，你要和交易對象取得約訪時，過去你可能會提供對方幾個時間，「這星期您方便嗎？」「下星期二到星期四方便嗎？」

但從交易對象來看，反而認為你是個時間充裕的人，最糟的狀況，甚至會認為你是閒閒沒事幹的人。

但實際上，工作幹練、待辦工作一項接一項的人，不可能提出好幾個備用時間讓對方選擇。

舉個誇張的例子，如果你申請和美國川普總統見面，對方應該會說：「這個星期五下午兩點後，給你五分鐘的時間，請你準時前來白宮。」而你聽到對方這麼說應當也會認為理所當然。

雖然商務人士不至於忙碌到像川普總統的程度，但是在取得約訪時，還是要強調自己時間的稀有性。

「近期時間的話，我只有下下星期二的下午三點有空檔，您這個時間可以嗎？」務必帶著自信這麼告訴對方。

對方驚訝於你如此忙碌的同時，可能也會因為時間的稀有性，擅自認定你是個「能幹的人」。

POINT

別忘了，你的時間也很寶貴。

2

選定在「主場」和對方談判

在我地盤這，就得聽我的

黑道的世界在進行交易時，一個很重要的關鍵是**場所**。

說白一點，任何人都想在自己的領域或「主場」交易。

比方說，中國黑幫會在自己的根據地中國城交易，韓國黑幫當然想在韓國城交易。

相反的，當對方指定在他們的「主場」交易，務必先設法找個理由盡可能迴避，這點可說是一切談判的開始。

在運動場上常有人說，地主隊在「主場」比賽，獲勝機率非常高。為什麼在主場比賽和非主場比賽的勝率會有這麼大的差異呢？

雖然主場的裁判多少會有一些偏心，不過我想強調的是心理學上的**放鬆效應**。

當我們在自己的主場比賽時，比較能發揮和平常一樣的實力；相反的在對方的主場（由我們的角度來看是客場），無論如何都免不了容易緊張、氣餒，難以發揮原有實力。

這不僅限於運動場上，歌唱或演講也是同樣情形。

根據上述說明，和做生意對象談判時，不妨盡力選擇接近「主場」的地點。

比方說盡量找出理由，「因為想讓你看一份禁止帶出公司外的資料」「因為十分忙碌的部長也希望能列席」等，將討論場合設定成在公司的辦公室，如此一來就能在你熟悉的場所談判，之後就能像平時一樣放鬆，然後盡情發揮你的談判能力。

POINT

盡量讓自己在熟悉的場所發揮。

3

掌握三關鍵，不被初見面的對象小看

塑造令人生畏的權威感

在黑社會的世界，要是被對方看扁就沒戲唱了。不論是地痞流氓還是黑道，為了不被初見面的人小看，服裝或態度都有一套他們的做法。

其中也有外表看起來令人覺得「不寒而慄」，但內心其實十分體貼的人。因為如果無法讓別人「心生畏懼」，在他們的嚴苛世界是無法混日子的。

商務人士也能從這樣的行事作風中學到一些道理。

當然，我們沒必要像黑道那樣讓別人畏懼我們，相對的是要讓自己看起來有威儀，也就是說，重要的是塑造出讓別人感受到**權威**的氣氛。

讀到這裡，各位或許會認為是不是該注意服裝比較好？

的確，平整服貼的襯衫、擦拭得光亮的皮鞋等，服裝整潔當然有其必要。遺憾的是，光是注意這些事，並不會帶來「權威」。

要讓他人覺得你看起來偉大，覺得你有權威，有三個必須注意的要點。

那就是**姿勢**、**音調**及**壓力**。

為了看起來有權威，**從容自在**、**肩膀放鬆**、**坐姿端正是最佳的姿勢**（順帶一提，黑道人士為了讓對方感受到準備應戰的氣氛，稍微前傾的姿勢最理想）。

說話時音調放低，總是保持沉穩。

好比改變話題時「這個……」「那個……」之類的口頭禪絕對不行，如果似乎要說出口時，應當保持沉默，一句話也不要說，看起來反而比較沉穩冷靜。

最後是壓力，這可以藉著眼神用力來加強給對方的印象。這裡說的「眼神用力」，指的是**刻意在眼球深處用力**。絕對不是要你瞪視對方，千萬別搞錯了。

在眼球深處用力，目光自然就能炯炯有神，目光有神就能使對方在不知不覺中誤以為你的地位在他之上。

請務必注意這三個重點，如果能自然養成這三項能力，想必周遭的人就能感受你的「權威」，態度也會截然不同。

POINT

除了服裝外，言行舉止也是塑造權威的關鍵。

4

有缺點照樣賣到翻的「正向框架」

學起來，沒有賣不掉的商品

黑社會時常使用煽動對方恐懼或憂慮的說話方式。專業術語稱為**負向框架**，比方說交易毒品或槍械時，故意說「庫存只剩這些了，下次走私要等明年，現在不買就買不到了」。

相對的，也有**正向框架**的表達方式，則是對於事物著眼於正面方向。

比方說，即使說明同樣的商品，使用「負向框架」的說法是：「新款智慧型手機的色彩只有三色，尤其是粉紅色最受歡迎，賣到缺貨」。

相反的，如果使用「正向框架」，就可以說「新款智慧型手機的色彩多達三色可供選擇，你能選擇適合自己的色彩」。

實際運用時，不妨思考商品特性，決定使用「負向框架」或「正向框架」來說明。

不過，若是必須**說明商品缺點**，**應當使用正向框架**。

比方說，想賣出使用年限大約三年的商品時。

如果平鋪直敘地照實說明，也許客戶會認為「什麼嘛，只能使用三年嗎？」因此，不妨採用「正向框架」，改變說明方式。

「其實，這個商品使用期限多達三年喔！」

這樣的說法，就算有其他廠牌的競爭商品，也能令客戶產生錯覺，以為比其他公司使用壽命更長。

當然，如果不改善商品缺點，就算運用這個心理技巧而賣出很多商品，下次可就不管用了，這一點千萬別忘了。

POINT

不要刻意迴避缺點，而是把缺點轉成正面。

5

訴求「難以到手」，為購買欲煽風點火

限量是殘酷的，但你得強調

黑社會的人其實很愛慕虛榮，總希望他人對自己有特別禮遇。比方說，上酒店或俱樂部等場所，如果沒有被安排VIP座位，就會不高興。

地痞流氓或黑道都是賣面子的生意，要說當然也是理所當然，但其實我們一般人也會有類似情結。

能夠巧妙運用這個心理的，就是**難以到手**的心理技巧，一如字面上的意思，就是**強調稀有性，煽動購買欲望**。

現在有許多銷售手法都運用這項技巧，所以或許有很多人早就察覺到了。

「只有這次購買的顧客，我們會贈送現在到處缺貨，很難到手的○○商品」。

電視購物頻道主打這些很難到手的商品卻可在電視購物上買到，銷售額甚至可提高到三倍以上。

這完全反應出人們多麼渴望獲得難以到手的東西。

根據不同商品、宣傳方法，加上到手困難的條件，煽動顧客加速購買的效果可說相當有效。

「這件商品現在非常受歡迎，原本在市場上是沒貨的，但我們公司費盡苦心跟原廠取得這件商品，只限銷售五套，錯過了就再也買不到了，現在開放訂購，趕緊打電話進來！」隨意轉著電視頻道時，突然看到電視上這麼宣傳，不由得浮現要立刻打電話去搶購的心情。

順帶一提，以網路購物市場來說，擅長運用這個技巧的商家非常多。例如想辦法對某件商品附加稀有性，以入手困難為由，特地將貨品數量壓低，然後跟其他的一般商品包套出售。

做到這個程度或許你會認為太誇張了，但這個技巧就是這麼有效果。

請各位務必思考如何將此技巧運用在本身的商業場合中。

POINT

人性渴望獲得難以到手的東西。

6

「二擇一」的力量

誘使對方做決定的技巧

這個世界上有些遇事猶豫不決的人。

「因為我不想失敗」。

「因為我沒有自信」。

「因為資訊不夠」。

優柔寡斷的原因因人而異，如果這樣的人是自己的主管、客戶，那麼工作可能會變得滯礙難行，令人焦躁不耐煩。

因此，希望各位可以適時運用**二擇一的力量**。

即使還有其他選擇，將範圍縮小成兩個選項，就可大幅縮短對方下決定的時間。

而且以下要說明的是更具力量的「二擇一」技巧，來強迫對方做決定。

通常的二擇一，是以「A或B」來逼迫做不了決定的人。

這個方法的進階版，是**向對方提出「具體的A」和「抽象的B」，讓對方二選一**。

這時候，你希望對方做的選擇，必定說成「具體的A」是重點。

人類總是認為具體的選項是比較好而正確；相對的，針對抽象的選項，則會不免產生懷疑。

比方說，假設你要賣給對方一台攝錄影機，以具體的「4K高畫質、

829萬畫素、可二十倍光學變焦的攝錄影機」，以及抽象的「現在四十多歲的人常用的攝錄影機」，進行銷售說明。

如果價格範圍相當，除非有特殊因素，否則顧客應當都會購買有具體介紹的攝錄影機吧？

黑社會中則把這個技巧運用於毒品交易。

例如賣毒品時，「沒有摻雜添加物，純度百分之百」的介紹，比只講「墨西哥產」，價格就算稍高一點，兩者銷售額仍然天差地遠。

像這樣具體提出「數字」或其他「事實」，說極端一點，**只要對方覺得很具體，所引用的證據只要像有那麼一回事就夠**。

雖然不能大肆張揚，其實就連銷售健康食品的業界，附帶「具體說明」卻大賣可疑商品的現象，可說見怪不怪。

其他心理技巧也相同，都是在對方不知不覺的情況下操縱對方的強而有效的技巧，所以務必記住如何妥當使用。

POINT

將範圍縮小成兩個選項，可大幅縮短對方下決定的時間。

7

縱使高價也搶手的「凡勃倫效應」

價格越高，越有價值的錯覺

黑社會最大的財源，是毒品和槍械交易。

其中定價自由度最高的，據說是槍械買賣。

客製化的槍械可以訂定相當高昂的價格，據說即使價格膨脹到正規價的五倍，照樣可以賣得出去。

或許各位會以為槍械交易的對象不外乎都是地痞流氓或黑道，其實會出最高價格買入的，都是一般平民百姓。而且不可思議的是，價格越高就令他們越渴望到手。

「哎呀，我一直很想要這種訂製的槍！」

「我從沒看過這樣的高檔貨！」

他們會衷心喜悅地購買。

那麼，為什麼能賣到這麼高的價格呢？

其實，這就是利用**凡勃倫效應**（Veblen Effect）的心理技巧。

所謂「凡勃倫效應」，是由美國經濟學家凡勃倫（T.B.Veblen）所提出，**商品價格定得越高越能使人產生有價值的錯覺，滿足想要向他人炫耀的需求所衍生的心理效應**。

如果各位因為做生意而老是煩惱營業額不佳，不妨把商品或服務的價格放膽提高。

當然，各行各業的領域或行情會有所差異，但**不要局限於兩倍，提高五倍也沒關係**。

就如我前面所說，人們基本上會認定昂貴的商品一定有其價值，所以光是把訂價抬高，在心理上就會產生一股商品很棒的錯覺。

以名牌商品來說，再貴也賣得出去，卻未必符合相當的價值。

「因為價格高昂所以品質一定也很好，而且讓別人看到也不會覺得難為情」，這可說是基於滿足人們這樣的安心感而把商品賣出去。

然而須留意的是，這個心理技巧也是許多詐騙犯常用的技巧。

商品或服務本身的價格明明不高，只是單純提高價格或許能收到暫時效果，但隨後客戶的抱怨也將排山倒海而來。

所以為了長期穩健的利潤，絕對不要忘了致力提高吻合價格的商品或服務價值。

POINT

人們在心理上會認定昂貴一定有其價值。

8

掌握「說服模式」，簡報連戰連勝

找尋對方重視的優先事項

在黑社會中，其實有時候也需要「簡報」。比方向組織高層建議某些能夠獲利的事業。不論是地痞流氓還是黑道，能為組織帶來多少財源，是讓自己在組織步步高昇的關鍵。

話雖這麼說，很難想像黑社會的人會實實在在地製作 PowerPoint 並進行簡報的情景（搞不好確實有這樣的人）。基本上都是向組織高層講述似乎有機會獲利的事項。

一旦組織高層認為可行時，就會動員組織採取行動；若是判斷沒有賺頭就按兵不動，只是這麼單純的情況而已。

我認識的某位黑道人士，就很擅長以這類「簡報」連戰連勝。他的做法很單純。

每一次**先搞懂提案對象的「說服模式」，然後用心採取適合談話的進行模式**。

所謂「說服模式」，是由賓州大學華頓商學院教授理查．謝爾（Richard Shell）提出，指**談判時，配合對方以什麼為優先，從而提出吻合優先事項的資訊**。

我不認為那個黑道了解教授的學問成果，而是他能巧妙掌握高層心理，以他個人的風格去說服對方。

以下介紹幾項具代表性的說服模式。

- **利益模式：針對以利益考量為優先的對象而使用的模式**
- **理性模式：針對重視資料或證據的對象而使用的模式**
- **願景模式：針對以理念及情感來思考事物的對象而使用的模式**
- **人際關係模式：一如字面意義，針對重視人際關係的對象而使用的模式**

如果各位正為了公司內的簡報而困擾不已，不妨平時留意和主管談話時，對方重視的最優先事項是什麼，然後選擇對方偏好的模式進行簡報，就是成功關鍵。

針對利益模式型主管，不妨強調你的創意能產生高額利益；針對理性模式型主管，則強調你的創意有多豐富的數據可以證明等，依據對方特性更換說服內容，來進行提案。

POINT

首先搞懂提案對象的「說服模式」，每次提案都能順利。

9

膠著會議中，有句話能打破僵局

刻意引發面子問題

相信一定有很多人討厭會議，覺得開會很麻煩。

這也不是沒有道理，「喜歡開會」的人，基本上都是具備發言能力，能掌控全場的人。

對小職員來說，掌控會議難如登天，而且當與會人員提出的意見沒有交集，陷入膠著狀態時，更是有口難言。

但是，只要稍微變更遣詞用字，就能打破僵局。

與其說會議，更正確的來說是「交易」的內容。

我所認識的某個黑道，時常會運用以下所提及的技巧，讓膠著狀態瞬間化解。

有一次某件生意幫派雙方利益談不攏，陷於膠著狀態，我認識的那個黑道便這麼開口了。

「我想在座各位都知道，像這類的交易總是夜長夢多，拖久了絕對不會有好結果，我們不妨現在各退一步，以這個條件來進行，對彼此都有

好處。」

當然，他在現場應該說明了更詳細的條件，但重點不是條件內容，而是一開始他說的：**「我想在座各位都知道」**，這句才是重點。

多數人都知道的事自己卻不知道，總會令人感到一陣羞愧。雖然坦誠不知道就好了，但成人總是很難承認自己的無知。

尤其是混黑社會的人，被對方看輕是件非同小可的事。所以藉由「我想在座各位都知道」這句話，所有人為了保有自尊心，因而說不出「NO」。

為了讓會議轉向朝自己期望的方向改變，不妨像這樣**加入有關對方自尊心的話語**。

其他像是「這麼困難的裁決，只有○○部長您才能做得到……」等。

不光是會議，在業務、待客等場合，這也是有效讓對方說「YES」的心理技巧。

POINT

多數人都知道的事自己卻不知道，總會令人感到一陣羞愧。

10

就算對方覺得不可能，也能答應的祕訣

利用從眾心態主導結果

「今天來參加這場展示會的貴賓，我們將特別致贈這件商品。這件商品價格不斐，所以我今日是抱著赤字的覺悟與滿滿的誠意，免費提供給各位……」

幾位銷售人員在持續這類銷售話術後，終於進入正題。

「接下來，請各位將目光轉向今天的主力商品，原本是一百萬圓才能買到的高級商品，只限今天以十五萬圓特別提供給各位。當然，分期付款完全沒問題……」

這是過去曾在日本流行，稱為「展示會直銷」的一種典型詐欺模式。

就如同前述例子，以「展示會」的名義邀請詐騙目標，在數人包圍下強迫推銷商品的做法，實際上價值不到一萬圓的棉被卻賣到十五萬圓的事件頻傳，日本各地消費者的客訴糾紛層出不窮。

後來由於警方加強取締加上民眾檢舉，這種手法的詐欺事件總算歸於沉寂。但也有一種說法，說這個做法其實也是黑道的鍊金術（獲得收入的手段）。

也許有人會自信滿滿地認為，自己絕對不會被這種手法騙到。

然而，如果看完我接下來要說明的**艾許從眾實驗**，或許各位就會有不同想法。

這是美國心理學家艾許（Solomon Asch）曾進行過的實驗。

他把大約七人集中在一個房間，先給他們看一條做為基準的直線，然後要他們從一些不同長度的線條中，選出和基準線相同長度的線。一般而言，這應該是百分之百選出正確答案也不足為奇的簡單問題。

然而實驗參加者當中，其實只有一位是受試者，其他人全是預先安排的暗樁，他們故意選擇錯誤答案。

艾許數次更換不同受測對象，結果發現附和暗樁，以致選擇錯誤答案的人，每四人中約有一人。

由從眾實驗的結果可以明顯得知：**人在團體意見或社會壓力下，會變更自己的意見**。

若根據這個結果來看，就算是別人認為不可能的提案，也有機會透過會議、簡報，讓關鍵人物「同調」。

當然，這種做法有必要預先安排暗樁，也就是贊同自己意見的人，但一定比沒做任何準備就正式上場，更可能獲得好的結果。

大膽提案，信心十足地讓周遭的人贊同自己的意見吧！

只不過，這形同你向身邊的人「借人情」，因此是否需要這麼做，不用我說，相信你也應該了解，要先做好得失評估後再決定。

POINT

人在團體意見或社會壓力下，會變更自己的意見。

11

「午餐技巧」，讓對方欣然答應麻煩事

避免對立，提高成事機率

以義大利黑手黨或中國黑道等做為主題的電影，常會描寫頭頭或夥伴圍坐在一起用餐的畫面。這似乎也是現實中常有的光景。

話雖這麼說，他們並不單純是因為感情融洽，喜歡一起用餐。

心理學領域將這樣的心理技術稱為**午餐技巧**（Luncheon Technique）。因為一起用餐時，對方也享受美食佳餚的愉悅氣氛，所以能夠避免對立，提高對方接受要求或願望的機率。

另外，用餐之際**聯結原理**的心理技巧也會發生作用。這是因為享用美食所產生的「快感」和交談內容聯結，因而產生錯覺，認為談話內容有利，或對方是個不錯的人。

不僅是黑社會，只要看看政治家也常用這個技巧，就完全證明這個效果多麼有效。

基於上述理由，若是各位要向生意對象提出麻煩請求，邀請對方一起用餐就是最好的做法。

「哎呀，我可是經常邀請生意對象一起吃午餐呢！」如果你是這樣的人，請務必留意。很可能對方對這樣的刺激麻痺了。

既然要請，**不妨請對方到稍微昂貴的餐廳吃晚餐吧！**

平時連自己都不太捨得光顧的餐廳，竟然被生意對象邀請去吃飯的自尊心將油然而生。

在這樣的場合提出請求時，**報答心理**將發生作用。再加上吃飯時愉快的感受，對方將不由自主地對你產生一股信賴感。

若是對方願意接受你的麻煩請求，甚至還能得到對方信賴，那麼就算請對方吃一頓稍微高昂的飯，也絕對值回票價！

POINT

善用飯局，愉悅氣氛下可加速正事的達成效率。

12

一封郵件讓對方答應請求的技巧

以「斯德哥爾摩症候群」動搖心理

不論古今中外，任何黑道組織，為了得到對方的信賴，一定有一招必勝話術，那就是**鞭子與糖果**。

或許各位覺得順序似乎怪怪的，但一點也沒錯，不是「糖果與鞭子」，而是**先用「鞭子」，再給「糖果」**。

一般人可能憑過去印象，會認為得先和顏悅色地鬆懈對方警戒，然後再慢慢地逼迫對方。

方。

但是黑社會人士則是先以嚴苛的要求，或是蠻不講理的態度逼迫對方。

然後，當對方覺得被愚弄或因而生氣時，再安撫對方：「其實我很了解你的心情，雖然我話說得重了一點，但你別看我這個樣子，我也曾經吃了很多苦……」

這麼一來，人們常會因而不由得認為「這個人雖然很嚴厲，但他說不定才是真的能夠了解我的人……」

這是運用**斯德哥爾摩症候群**（Stockholm Syndrome）的心理技巧。

所謂「斯德哥爾摩症候群」，是指誘拐或人質挾持事件等的被害人，對於監禁者產生同伴意識，陷入同情對方處境的狀態。而黑社會人士利用「鞭子與糖果」，同樣可達成動搖對方心理的效果。

「鞭子與糖果」也能運用在電子郵件上。信件一開始先提出嚴厲要求，然後再表示理解與同情，最後尋求對方認同，巧妙地獲得對方點頭說是。

假設你正在經營一個販賣雜貨的購物網站，結果收到如下的電子郵件，你會有什麼感受呢？

前幾天在貴公司網站上購買商品，說實話，品質比想像得低劣太多，對於耐用性也不禁打上問號。設計也和圖片呈現的天差地遠。（**鞭子的內容**）

不過，這件商品想必是瑕疵品對吧？我聽說你們網站的評價優良，看到「顧客評價」頁面，很難想像會製造這麼差的商品。我想一定是時間太趕，或是有什麼其他原因。我同樣也是經商的，所以非常了解可能有這樣的意外狀況。（**糖果的內容**）

因此，雖然網站上註明不能退貨，但我是否可要求補償其他商品呢？

閱讀前半段的「鞭子」內容，或許不由得會火冒三丈，但讀到後半段「糖果」的文章時，應該對於對方的印象大有改觀。

即使站在你的立場並無法讓他退貨，但看了這樣的內容，或許也會不由得同意對方的請求吧？

附帶一提，越是處於黑社會下層的人，越不擅長使用這個心理技巧，反而越是上層的人，越能靈活運用「鞭子與糖果」。

也許難度有點高，但相對的這個技巧的效果也可說格外顯著。

POINT

越能靈活運用「鞭子與糖果」的人，越是能成大事的人。

CHAPTER 3

華麗上班族！隨心所欲駕馭辦公室政治的密技

1

運用「迂迴話術」，巧妙事先磋商

事先疏通，成功之路暢通

這一章要介紹的，是如何駕馭公司人際關係的心理技巧。黑社會基本上是個講求實力的世界，但有時候也會如同日本一般企業一樣講求「事先疏通」。在這個背叛橫行的世界，確實有其必要吧！

但是，由於疑心疑鬼的人也多，要是事先疏通的手法拙劣，可能會危及性命。因為其他人可能會疑心：「這傢伙有什麼企圖？說不定哪一天會背叛……」

就算實際上並沒有背叛的企圖，只是一旦被貼上「或許會背叛」的標籤，就很難獲得信任。

因此，不要露骨地表現出事先疏通的行為，有必要謹慎地採取行動。

在這裡可運用的是被稱為**迂迴話術**（wording）的心理技巧。wording 直譯是指「措詞、說法」，也就是**運用話語，把對方引導至自己希望的方向**。

黑社會使用迂迴話術時，可能就類似「老大有提議這個週末貨的交易量要增加，我照著他說的去辦沒問題吧？」。

這個做法當然也可運用在一般商業場合，比方說你希望某個提案在公司內部通過，在事先疏通時，可運用如下的說詞——

「社長說這個提案條理分明，部長您的看法呢？」

雖然只是個簡單的技巧，卻是最有效的方式。

如果你缺乏上層階級的人脈，不妨動員熟人的力量，做一份大約上百人的問卷調查。

「部長，我做了一份超過一百人的問卷調查，其中有九成的人想要這個商品，部長覺得這個人數的量怎麼樣呢？」

聽你這麼一說，對方應該也很難輕易否決。

在商場上，他人的創意好壞如何判斷，感受因人而異。但是，要讓提案獲得許可，可以說只有兩個關鍵性的判斷標準。

一個是**比自己更有權力的人認可**；一個則是**大多數人都認可**。當吻合這兩者的其中一項條件時，人們就非常容易做出決定。

如果你手邊有個無論如何都想讓它通過的提案，與其向主管亂拍馬屁，不如運用迂迴話術來事先疏通，提案被採用的機率更會大幅提升，請務必試試看。

POINT

與其向主管亂拍馬屁，不如運用迂迴話術來事先疏通。

2

絕對能贏得對方歡心的「刻意讚美」

找出從沒有人讚賞的部分

因為常有人會錯意，所以先說清楚，「讚美」和「奉承」完全是兩回事。**「讚美」思考的是對方；「奉承」則是為了自身利益**。

既然置身於組織團體，當然希望和自己相關的人能夠融洽相處不是嗎？因此，盡可能不要「奉承」，而是盡量「讚美」。

話雖這麼說，若是和對方產生一點疙瘩、敵對意識或嫉妒等心結，就很難由衷「讚美」對方。

巧妙地讚美他人，必須做到高明的**人物評價**，關鍵在於**發現對方平時鮮為人知的「優點」**。不是人云亦云地讚美多數人都看得見的優點，而是指出讓對方覺得「你竟然注意到這種地方」的優點。

例如想讚美工作能力很強的主管時，反而要注意他的個人小細節。如果看到他手機的待機畫面是小孩子的照片，不妨立刻讚美「你的小孩好可愛」。

或許有人會認為這很理所當然，不過，重點是**能不能立刻讚美**。因為絕大多數人都沒辦法做得到，所以能因此取得優勢。

同樣的，對於人人公認的美女，稱讚她「妳真漂亮」，對方未必覺得高興，反而是讚美對方個性非常好，更能令她開心。

再強調一次，**不是說那些任何人都會說的讚美詞，而是戳中別人都不會說的部分**，更能夠討對方開心。

順帶一提，黑社會雖然不是沒人說奉承話，但是越精明的老大，越不會被奉承話打動，甚至會產生戒心。因為要是把部下的奉承當真，哪天連自己怎麼死的都不知道。

只是，就算是黑社會，畢竟也是人。事實上每個黑道大哥都喜歡聽部下讚美兩個部分，只要聽到一定會很開心，那就是「人面很廣」，以及「富有行動力」。

人面很廣牽涉到黑社會的影響力；富有行動力則是讚美內在的資質。

我還不曾見過有黑道被讚美這兩

個部分，反而動怒的人呢。

POINT

不要說「奉承話」，而是盡量「讚美」。

3

利用「角色效應」，主管立刻成為靠山

打進主管的私領域

不論是商業人士或黑道，恐怕再也沒有比「有地位高於自己的人當靠山」更能令自己壯膽的了。

實際上，當發生什麼問題時，或希望提案通過時，能否獲得上層的鼎力相助，結果將天差地遠。

以黑社會的情況來說，能發揮效用的講白了就是「錢」。

比方說只要平時確實向組織進貢會費，萬一發生什麼問題，也會有老大或上層的人幫你擦屁股。

那麼，上班族若是希望主管能當自己的靠山，應該怎麼做呢？

這裡提供一個對策，那就是**打進主管的私人世界**的重要性。

其中效果最佳的，就是**和主管的家人變得更親近**。比方說聚餐後到主管家順便打個招呼，和主管的家人建立更深一層的關係便是理想的做法。如果公司會舉辦整個部門的烤肉活動，不妨也可藉機拉近和主管家人的距離。

當然，除了這個做法，透過高爾夫、打麻將等進入和主管共同興趣的領域，也是有效的做法。

人們在工作上和私人活動時，會配合各個場合，展現出不一樣的面貌。

這在心理學中稱為**角色效應**。也就是說，工作上有工作的面貌，私人領域則有私人領域的面貌。

而且，通常我們在工作上會隱藏私下場合的面貌，當這一面被看到時，平時保有的工作面貌就容易被破壞，也就是一下子會覺得對方變成自己人。

想讓主管和自己站在同一陣線，就要進入主管的私人領域。如果能做到這點，我想不管做什麼事，心態上應會覺得更加踏實。

另外，我建議各位不妨抽空觀賞《驚天爆》這部電影，當做參考。

這部一九九七年根據真實故事拍攝而成的電影，以一名前FBI臥底探員約瑟夫．皮斯托的手記為藍本，敘述他化名唐尼．布萊斯可，潛入黑手黨博納諾犯罪家族六年，蒐集犯罪證據進而舉發的故事。

以下稍微爆雷，唐尼在潛入搜查的過程中，因為過度深入老大的私人領域，逐漸對自己探員的身分及黑手黨的身分感到苦惱。

另一方面，老大對於唐尼也非常厚愛，以致被FBI破獲後，仍然無法相信唐尼是探員。

如果做為一部探討踏進上層人士的私人領域而受到信任的電影，這是一部非常值得推薦的作品。

POINT

人會配合各個場合，展現出不一樣的面貌。

4

越是做不好，越要不吝讚賞

用「矛盾意向法」，引導對方

就我所知，混黑社會的基本上不太讚美別人。

不過，我有位認識的幫派老大行事作風不太一樣，即便是一無是處的部下，只要是他希望部下養成和他的自身利益有關的能力（例如希望培養部下賣出大量毒品等），他都會毫不吝惜地讚賞對方一番。

現在回想起來，以人類心理來說，他的做法是正確的讚美方式。

人類動不動就會注意到別人做不好的地方。

比方說陪同稱不上優秀的部下去跑業務，回程中總會忍不住糾正部下：「你剛剛的說明方式不太妥當，如果不能講得再慢一點，以客戶更容易理解的方式說明，根本別想拿到合約。」

然而部下聽你這麼一說，開始認為自己沒用有問題，沒取得合約是因為自己說話技巧太差，因此逐漸喪失自信。

其實遇到這種情況，反而要**設法找出值得讚賞的地方**。

「和以前相較之下，你的業務功力變得好多了，離合約成交就差一小步，接下來該如何改進，你應該曉得吧？」

部下聽你這麼一說，對自己的說明能力產生自信，也會希望得到讚美自己的主管的更多認同。

這麼一來，部下就會主動在業務話術方面更加下工夫，讓自己有所成長。

上述案例，其實是運用了**矛盾意向法**（Paradoxical Intervention）的心理技巧。

當人們沐浴在讚賞聲中，就會錯認自己真的擁有這項能力，然後當企圖發揮這項能力時，就能引發具體的行動。

英國曾進行一項實驗，實驗中把兒童分成兩兩一組，一組不斷地讚賞他們的繪畫才能，一組則是讚美他們的運動能力。

結果兩組都是受到讚賞的能力大幅提升，也就是一組兒童美術成績上

揚，另一組則是體育成績向上。

雖然這是針對兒童的實驗，但成人也毫無例外地會產生同樣的反應。

因此，無論對方的現況如何，務必都要**針對你希望對方成長的能力，毫不吝惜地讚賞**。

當對方產生錯覺，認為「其實我應該是更有能力的人」時，就會不由得主動朝向你所期待的方向努力了！

POINT

務必針對你希望對方成長的能力，毫不吝惜地讚賞。

5

讓部下達成困難目標的「同儕壓力」

「看似讓步，實則在施壓」的技巧

「喂！你給我去那個組織的地盤大幹一場！」

黑社會有時候會搞出這種亂來的事。

侵入其他組織的地盤就已經很糟了，如果加上攻擊，無異於自殺行為。

或許各位會認為，如果屬於幫派的一份子，即使是這麼胡來的命令，就算賠上一條小命也得聽從命令行事。

不過，這畢竟都是電視劇或電影塑造出的印象，實際上大家都還是很愛惜自己的性命。

現實生活中正可以運用本書介紹的心理技巧，避免這麼無理的要求，巧妙地應付周旋。

在一般的商業場合，應該也大同小異不是嗎？

如果各位站在必須管理部屬的立場，為了維護公司整體利益，有時應當也有不得不強迫部屬達成一些不合理目標的時候。

遇到這種情況，請務必運用**同儕壓力**（Peer Pressure）。

所謂「同儕壓力」，望文生義就是來自同伴或同事等人的心理壓力。

舉個例子，日本企業常有配合同事加班的情況。就算自己的工作已經完成，但因為同事或主管仍在加班，所以很難先行下班回家，這就是所謂的「同儕壓力」。

比方說平時一個月只需簽到六、七件商品合約就可以的業務部，如果希望部下能進步到簽到十件合約，不妨試試看以下的同儕壓力技巧。

「其他部門上個月竟然有六個人拿到二十件合約。我希望你務必簽到十五件。不過這個要求確實門檻很高，所以希望你至少拿到十件。怎麼樣？這聽起來就不會那麼困難了，對吧？」

這個方式，就是施加「別人做得到，你應該也沒問題」的壓力。

運用時的重點，一是**表示「其他人做到了」，引發對方的同調心理；**另一個重點則是**一開始故意設定較高的目標，然後再降低到原本預設的數字**。

藉由把握這兩個重點，即使施加強大的心理壓力，看起來也似乎已經做了讓步。

除了以上所舉的例子，我們生活周遭，其實充滿了同儕壓力。請務必注意，不要在不知不覺間被這樣的壓力壓垮。

POINT

同儕壓力隨時可見，多運用，但記得不反被利用。

6

秒速與對方拉近距離的「自我揭露」

多提失敗談，反而得人緣

過去曾有個黑社會的道上兄弟跟我這麼說：「任何人都無法抹滅曾走過的痕跡。」

他指的是不論怎麼遮掩，一個人曾經在什麼地方混過，和誰有過交情，這些痕跡都絕對抹滅不掉。

因此，剛加入幫派的新人，早早就會交待自己的過去。

這麼做就意味著「我對過去的事情毫無保留地交待了，想查儘管去查。」

為什麼需要把自己的事情亮到這麼明白？這是為了要洗刷自己並非「警犬」的嫌疑。

幫派或黑道最擔心的，是警察在組織裡臥底調查，要是被警察潛入，組織中的人事內幕、資金來源被摸透了，很可能整個組織都會被起底肅清。

像這樣在對方有疑慮時，乾脆自己徹底說個一清二楚，在心理學上的專業用語叫做**自我揭露**（self-disclosure），這也是縮短與對方距離及心靈距離的技巧。

這個技巧也務必要運用在工作上。

例如，假設你是主管，職場上有個和你不是很親近的部下。

首先，先帶他一起去吃個飯。

然後，接下來是重點，不需要一直詢問部下的事，而是談談你自己。

談話內容不拘，嗜好什麼的都行，但**最佳的內容是你的「失敗經驗談」**。

不要認為講自己的失敗很丟臉，而想在部下面前表現出帥氣的一面。不妨多談一些自己覺得丟臉、過去失敗的經驗。

這麼一來，對方會因為你對他「自我揭露」而感到安心，也會因而信任你。

另外，在這種情況下說出「其實我有事想跟你商量」，也不至於令對方覺得不舒服。

這也是「自我揭露」所達成的心理效果，因為對方會覺得「你連這些糗事都告訴我，一定是很相信我」。

毫無隱瞞地暴露自己，是一個很單純的技巧，請務必一試。不過，也要小心運用得不好而變成老王賣瓜。

POINT

少談豐功偉業，多提自己的失敗經驗。

7

運用「樂隊花車效應」，整合意見

提供多數派說法，有助擺平歧見

我所知道的某個幫派老大，以整合意見的手腕好得沒話說而出名。他們組織裡頑固的人特別多，從外人角度來看，要整合意見非常困難，但他卻可以完美地做到這件事。果然能夠坐上老大位子的人，還是得有兩把刷子呢！

說到黑道老大，或許會令人聯想到遇到某些狀況時，就立刻拔槍威嚇的場景。

但是，據他下面的小弟說，他幾乎沒做過這麼粗暴的行為。

那麼，他究竟怎麼讓組織團結一心呢？

現在回想起來，他可說是巧妙運用了**樂隊花車效應**（Bandwagon Effect）。

所謂「樂隊花車效應」原本多運用於經濟學相關領域，指**藉由多數人接受某個產品或服務，讓該產品或服務的支持度更加上揚**。

說明一下語源，提供參考。「Bandwagon」指的是走在遊行隊伍最前面的樂隊花車。坐上樂隊花車，可說就是「順應潮流」「贊同多數人意見」的意思。

換句話說，是一種**認為團體的判斷或決定，比個人判斷正確，認為大多數人擁有的物品比較好的心理**。

回到剛剛的話題，這個老大在徵求手下意見的時候，**一定會引用社會**

上多數派的現況。

比方說，「現在烏茲衝鋒槍（以色列製造的輕型衝鋒槍）在南美、北美都大受歡迎，我下次想做這個買賣看看，大家覺得呢？」

即使是各持己見的黑道分子，一聽到各地都大受歡迎，也會有所顧忌不敢公開反對。

各位的工作領域，也可以運用「樂隊花車效應」。

例如，想在部門嘗試看看執行新的制度，不妨說「率先採用這個制度的公司，資料顯示滿意度高達九成」。

另外，要在公司導入新系統，也可引用同業其他公司的成績做為說明的資料。

當然，必須注意事前一定要蒐集能令其他人心悅誠服的資料，才不會出現動不動就隨意反對的意見。

除了這些，這個技巧還可以積極運用在向客戶進行商品提案等狀況。

POINT

事前蒐集眾多好評資料，有助計畫推行。

8

要讓對方冷靜，就「不要叫他冷靜」

善用「同調行為」讓對方仿效

要安撫一個情緒激動的對象並不是件容易的事。不論說什麼對方可能都聽不進去，一個不小心還可能火上加油，導致後果更難收拾。

就如同俗話說「明哲保身」，遇到這種人還是敬而遠之，少惹他為妙。混黑社會的人，對於情緒處於激動的人，似乎多半也是讓對方暢所欲言，等待風暴過境。因為如果沒處理好，很可能會受波及而惹禍上身。

但是，如果你公司的部下突然失控，你可能也無法坐視不理，這時候究竟該怎麼處理才好呢？

首先，對於一個處在情緒激動狀態的人，有幾件事絕對不能做。

當對方情緒激動之際，有很大的機率都是「說得很快」「說得很大聲」。因此，如果你也和對方以同樣速度說話，就會使對方情緒更亢奮。

但這時候最不該說的話，就是**要對方「冷靜一點」**。開口要對方冷靜一點，就等於告訴對方「你現在並不冷靜」，這會更加激怒對方。

對於一個情緒正處在激動狀態的人，最好的做法，就是以從容的速度跟他說話，問他為什麼會這個樣子。

如果是你的部下，冷靜地聽他說，是因為什麼問題或爭執，讓他這麼生氣。

這和小孩子跌倒時的應對方法很類似。

小孩子跌倒時，如果一直頻頻詢問「不要緊嗎？哪裡會痛？」只會使孩子哭得更厲害。

但是，如果能平心靜氣地跟孩子說：「不要緊喲，站起來，沒事的。」孩子就能若無其事，彷彿什麼事都沒發生過一樣，恢復原本的樣子。

如果對方很激動，說話速度就放慢一點，動作也慢一點，如此一來對方也會慢慢恢復平靜。

以心理學來說，這稱為**同調行為**，是想要掌控住對方時，非常有效的技巧。

順便介紹一件我聽過的真人實事，做為此技巧的應用參考。

有個幫派在交易毒品時，因為價格和原先談的不一樣而把對方惹火了。

但是這個幫派的老大卻若無其事地說：「很抱歉，但這畢竟是做生意，看你要不要交易，儘管說一聲！」

因為他的態度太過老神在在，對方反而擔心背後是否有什麼內情，結果就以他所開的價格進行交易。

像這樣不卑不亢，以從容的態度談話，對方反而會設想你背後不知是有什麼靠山。

POINT

開口要對方冷靜一點，就等於告訴對方「你現在並不冷靜」。

9

將仇敵變夥伴的心理技巧

「富蘭克林效應」，助你「無敵」

人與人之間有所謂的「投不投緣」。

各位是否也會莫名地無法喜歡某個人，或是無論如何打從生理上無法接受某個人的情況？

同樣的，也會有人對你有相同感覺。

只要職場超過某個人數，總難免有一、兩個似乎並不喜歡你的人，不是嗎？

黑道人士對於像這樣自己不擅相處的人，總是選擇徹底敬而遠之。這是因為，光是感覺到「這傢伙討厭我」，就會擔心不知道哪天會被這個人從背後捅一刀，這是他們的宿命。

就這層意義來看，他們比一般職場的人際關係更敏感棘手，但這就是黑道的人際關係。

不過，我所認識的某個黑道卻很善於結交夥伴，有時甚至能和敵對的幫派稱兄道弟而讓組織的老大覺得很頭痛，但卻因為覺得萬一發生什麼情況有利用價值，而認可他。

他常用的心理技巧，是**富蘭克林效應**（Ben Franklin Effect）。

這是美國偉大政治家富蘭克林使用在政敵上，讓對方成為自己同伴的心理技巧，是一種以自己的行動，來展現對於他人評價的原理。

複雜的說明先擱一旁，舉具體的實例來看就明白。

他經常對敵對的組織，製造共同敵人，提出建議：「雖然過去我們一直是敵對的，現在為了彼此的利益，暫且先合作吧！」

當然，既然彼此的利益一致，對他的敵手而言也不是件壞事，所以就能把平時的敵對關係先放一邊，能夠以協力的角度來面對他。

然後當開始採取像這樣的善意行動後，就會覺得其實自己並沒有這麼討厭他。

如果你的職場也有**討厭你的人，或是你覺得不太善於與對方相處的人，你反而要試著請對方幫你的忙**。

這時候提出的請求如果是「舉手之勞」，就更有效果。類似富蘭克林當時提出的「借書」之類的協助就可以了。

對方發現自己做出了善意的回應時，對你的負面情感就應該會漸漸消逝。

因為是一個能夠輕易控制周遭人際關係的技巧，請務必一試。

POINT

如果覺得對方討厭自己，不妨找機會請對方幫忙。

10

製造「共同敵人」，化敵為友

和對方共同分享「恐懼」

這部分和前面說明的內容可能有重疊，不過這一節想針對**樹立共同敵人**的心理技巧效用，做更進一步的說明。

黑社會的世界，組織間的糾紛永遠無法止息。最常見的就是「爭奪地盤」。

雖然他們的資金來源之一是毒品買賣，但自己的地盤上一旦有其他組織開始進行交易，自己的顧客當然會流失，營業額一減少，關係到組織存亡，所以守住地盤是非常重要的一件事。

但是，其中也會有互相敵對的幫派，締結暫時休戰協定的情況。

這就是「共同敵人」出現的時候。

這樣的敵人或許是警察，也有可能是其他幫派，而共通的部分，就是**排除敵人能帶來彼此的利益**。

如果你在公司有交惡的同事，希望對方能暫時和你站在同一陣線，建議你不妨製造「共同敵人」。當然，這個共同敵人未必是原本存在的也無所謂。

「聽說業務部長在會議中說我們部門的壞話。」類似這樣的耳語，讓對方察覺出現共同的敵人。

所謂製造「共同敵人」，換個說法，就是**和對方共同分享「恐懼」**。

藉著同樣產生恐懼的感情（話雖這麼說，你只是佯裝恐懼），就能和原本交惡的同事快速加深交情。

POINT

有共同敵人，有助關係升溫。

11

運用「溫莎效應」，迅速拉近彼此距離

向「第三者」讚美當事人

黑道的世界，人員替換或新面孔的追加速度特別快。這是因為可能遭逮捕入獄，或是爭鬥而送命等，人員遞補不可或缺。

然後，每當要增加新的成員，就必須進行身家調查。必須先徹底查個清楚的原因，是因為要確認新面孔是不是警察派來的臥底（或是相關人員），這時候新人所講的話一律不能採信，基本上都必須從他過去來往的人那裡取得情報。

比方說，宣稱原本在販毒的藥頭加入組織時，就要先從他過去所屬的組織、買賣區域的人、向他買毒品的人探聽。如果這時候打聽不到對方的情報，十之八九會被懷疑是與警方有關的人。黑道通常會像這樣不是從本人那裡，而是從周圍蒐集情報，來確認當事人的來路。

這種做法可說是**溫莎效應**（Windsor Effect）的心理技巧。

所謂「溫莎效應」，就是**來自第三者的訊息或傳言，比本人親口說出來更具影響力**。以上述例子來說，與其當面問宣稱是販毒者的新人是什麼來路，與他曾接觸過的第三者提供的情報更可信。

「溫莎效應」根據使用方法的不同，也可以在對方心中植下「你期望建立的印象」。

例如，當有新人異動到你的部門時，運用「溫莎效應」，將能夠迅速拉近你們之間的距離。

方法很簡單，就是當事人不在場時，在部門讚美要異動過來的人。

「要調來我們部門的〇〇，非常認真。」

「他工作效率很高，是我非常寄予厚望的人才。」

類似這樣，向「第三者」讚美當事人。

就如俗話說的「人嘴堵不住」，這些話最後一定會傳入當事人耳中。

輾轉聽到這些讚美的當事人，就會不由得對你產生好感。

這個技巧不僅可以運用在工作上，也是運用在私人領域很有效的技

巧，請務必多加利用。

POINT

故意對第三者讚美當事人，效果比當面讚美威力更強。

12

「生疏的人際關係」是一種武器

新人更要主動嘴甜

前面說過在黑社會中，總是會提防新面孔的動向。但從另一方面來看，新面孔也有新面孔才能用得上的處世技巧及策略。

經過前述說明，我想各位應該已經了解實力在黑社會的重要性。事實上，沒有實力也能夠獲得認同，是新面孔才有的特權。只有新面孔才能藉由「讚美對方」讓自己融入團體。

這是因為心理學上**阿倫森效應**的作用。

所謂「阿倫森效應」，是由社會心理學家阿倫森（Elliot Aronson）發表的法則——**被剛認識不久的人讚美，比被從以前就認識的熟人讚美，更容易打動人心**。

就連男女之間，也是被初次見面的異性讚美，比從昔日就認識的朋友讚美，不由得更心花怒放。

讚美的話語，由交情越淺的人口中說出越有效，可以說是新面孔才更能發揮作用的心理技巧。

剛加入組織，覺得被其他成員各方面監視，感到很孤單……。正因為處在這個階段，如果能做到主動積極地讚美別人，更能刷出存在感。

在商場上也是相同道理。

如果你被分發到新部門，不論對方是不是以前就認識的人，總之先採取「讚美」對方的行動。因為這是**「交情尚淺的人際關係」能產生加分作用的短暫時期**，請務必積極地讚美。

當然，一定也有人不太擅長讚美別人，這種時候可以先讚美對方擁有的物品或服裝，然後了解一下對方的嗜好及特長，在平時談話中加入相關話題，對方想必會很樂意與你交談！

POINT

讚美的話語，由交情越淺的人口中說出越有效。

13

敵友立見的魔法言語

佯裝誤會，刻意找碴

黑社會的常識是「所有人都視為敵人」。敵對組織自不在話下，就連自己所屬的組織也是一樣。

混黑道的把自家同伴稱為「家人」，同樣混黑道的不同幫派則稱為「兄弟」，但畢竟是爾虞我詐的殘酷社會，不論對手是誰，都無法由衷地交心。

不過就我個人的眼光來看，商場上的情況也大同小異。

剛進公司的同梯、對自己寵愛有加的主管、經年累月來往的生意對象，當情勢轉變，很可能立刻就離開你身邊，更嚴重的情況甚至可能演變成敵對關係。

誰才是自己真正的「友軍」，以現實面來說難以輕易判斷。那麼，如何讓周圍的人是敵是友立見真章？以下就告訴各位黑道的做法。

黑社會遇到這種情況，就是**刻意向對方挑釁**。具體來說，就是**以自己的「誤會」，故意向對方找碴**。製造一個空穴來風的傳言，逼問對方：「我想問你，我要怎麼信任一個有這種傳言的人？」

必須再次強調，為了往後修復關係，一定要讓對方了解，這是出於自己的誤會。

這時候，如果對方是會和你站在同一陣線的人，應當會很生氣：「是誰說的？怎會出現這種無憑無據的謠言！」

但是，如果是可能會成為敵人的人，則可能會說：「怎麼可能有這種事，難道你信不過我嗎？」裝瘋賣傻地笑著含混其詞。

分析這兩者的反應，**「會和你站在同一陣線的人」，因為對你有相當程度的信任，所以對於空穴來風的傳言，會覺得很生氣。**

相對的，**「可能會成為敵人的人」因為是被自己並不信任，甚至是討厭的人這麼說，所以被質問也不痛不癢，能夠冷靜地面對。**

是敵人的人無論如何都只是想和有利用價值的人保持聯繫，所以感情不會因而產生動搖，這一點務必記住。

如果想在工作上運用這個技巧，可利用類似下面這樣的傳言試探看看。

「抱歉，我之前聽到公司裡有個奇怪的傳言，說你和派遣的女生有了婚外情？」

當然，你一定要告訴對方，這件事只是謠傳，應該是自己的誤會。要是對方生氣了，記得為了避免傷害「友軍」的感情，事後一定要加以安撫。

POINT

故意挑釁，探對方虛實。

14

讓人留下強烈印象的一點訣

「初始效應」與「時近效應」

應該多數人都不清楚，黑道中也時常舉辦聚會。

那並不是什麼嚴肅的聚會，不妨想像成有如烤肉派對的場合，其中也有人會把家人或男女朋友帶去參加，充滿如家庭聚會般的氣氛。

在這樣的場合，照慣例新人必須在幹部等上層階級的人面前亮相。前面說過來路不明的新面孔還沒得到信賴，最讓上層的人提防，如果不是做出很亮眼的成績，幾乎不可能被正眼看待。

但是在這種聚會場合，帶家人、男女朋友或孩子來參加時，上層的人就會無條件地相信你。

這是因為，上層的人可以在這個場合認識新人的家人、男女朋友，要是新人做出什麼窩裡反的事情，就能拿他的家人來開刀。也就是說，藉由讓家人、男女朋友成為「人質」，來提升自己的「知名度」。

不過，也有人雖然沒帶家人、男女朋友參加聚會，照樣被上層的人關注，隔天表示：「那個新人在哪裡？下次交易帶他一起去！」

不需要讓身邊的親友一同承擔風險，又能在上層面前大大露臉的人，究竟做了什麼樣的事呢？

有意思的是，他們所做的都可以發現有以下的共通點。

其實很單純，只是**最早到聚會現場進行準備工作，向上層的人打招呼；聚會結束後，在上層的人要上車離開時，打開車門，在他們離去前打聲招呼。**

值得注意的是，**向上層的人打招呼只有最初和最後，聚會當中則幾乎不露臉**。

這個心理技巧其實結合了**初始效應**（Primacy effect），和**時近效應**（Recency Effect）的運用。

所謂「初始效應」，就是**在一開始碰面時，容易對事物留下最初印象的效應**。

「時近效應」則相反，指**最後分別之際，容易留下對事物的最後印象**。

把這兩個技巧整合運用的效果自

然非常強烈。

如果你也因為資歷太淺等原因，沒有受到公司高層人士的注目，不妨試試看在公司的創立紀念派對或年末的尾牙場合，運用看看這兩項技巧。

首先是比任何人都更早向社長或公司高層主管打招呼。

也許有人會認為「我先打頭陣，接下來才來打招呼的人不是更有利嗎？」但是重要的就如同我前面說的，「初始效應」和「時近效應」兩者併用。

前面說過，「時近效應」是最後發生的事留在記憶裡的印象最深刻，這時候若再加上「初始效應」，更能加深印象。

人們會把最初和最後的記憶視為重點。比方說，夏季看煙火時，最初第一發的煙火瞬間，以及最後華麗的收尾，最能烙印在腦海中。

派對一開始先打招呼，再加上最後結束之際的道別，雖然只是簡單的動作，卻是很有效的技巧，請務必要靈活運用。

POINT

打招呼和道別說來簡單，但效果卻出乎意料的強大。

CHAPTER 4

情場高手！在男女交往中準確掌握對方內心的妙招

1

不要苦追，而是趁虛而入

杜鵑不叫的話，等到牠叫為止

這一章要換個方向，介紹男女朋友，及夫妻間可派得上用場的心理技巧。

我認識某個幫派中名叫泰瑞的花花公子。

他幾乎每個禮拜身旁的女伴都不一樣，可能因為這副德性遊走情場才得到報應吧？最後因為男女關係糾紛，以悲慘的下場結束人生。

說到花花公子，或許你會想像一定是個像男模或帥哥演員般的人物吧？

其實他的長相一點都不俊俏。

舉例說明的話實在有點抱歉，以外型來說，最接近的可能是日本藝人出川哲朗，個子不高，相貌就算要說客套話，也稱不上英俊。

而且泰瑞十分揮霍浪費，和女性理想中的「傑出男性」相去甚遠。

為什麼這樣的人會這麼受歡迎呢？

原本我不知道其中原因，不過問了對泰瑞很熟悉的人，推測或許他是無心的，卻巧妙地運用了**自尊理論**。

這是美國心理學家華斯特（E. H. Walster）透過實驗所證明的理論。

當人們對自己的評價下降時，相對地他人的評價看起來就會高一點。

也就是說，**當自我評價下降時，對於提出約會的對象，就會覺得他們看起來比原本的形象更有魅力**。

幕府將軍德川家康曾說過一句名言——「杜鵑不叫的話，等到牠叫為止。」同樣的，泰瑞非常有耐性，他總是耐心等到女性自我評價下降的時機。

具體來說，泰瑞就算遇到心儀的女性，也不會立刻展開熱烈追求，一定是先從普通朋友交往開始。而且，必然會保持不會太遠又不會太近的適當距離。

這是因為**距離過近，可能不會被視為男性看待；距離太遠時，又可能會錯過對方自我評價下降的時機**。

那麼，什麼時候是女性自我評價下降的瞬間呢？

雖然有形形色色的模式，一般來說，被交往的男友甩了、和喜歡的對象關係惡化等，任何一個女性，總是多少會遇到這樣的時刻。

泰瑞相中這一點，會趁機開始追求。脆弱的女性自然就會開始覺得

「咦？我竟然沒發現身邊有這麼棒的男性」。

戀愛不是一味地採取攻勢。若是對自己的外貌欠缺自信，不妨耐心等待。

POINT

當自我評價下降時，會覺得對方比原本的形象更有魅力。

2

就算被拒絕，也不要洩氣

隨時給對方一顆「糖」

繼續上一節，再介紹一個花花公子泰瑞經常使用的技巧。長相有些抱歉的泰瑞，邀請女性一起吃飯被拒絕的次數也很多，因此他便使用**方糖話術**（Sugar Lumps）。

Sugar Lumps的原意是方糖糖塊。「方糖話術」是「冷讀術」（Cold Reading，沒有事前準備，從外表或看似不經意的談話中推測對方心理）中所用的一種技巧。向對方說些聽起來甜蜜舒服的話語，削減抗拒心理，有利博得對方的好感。

比方說邀請心儀對象約會時，如果寄送電子郵件或LINE給對方，對方卻沒有答應你的邀約，以如下的說詞婉拒。

「抱歉，那一天正好和朋友有約……」

當然，對方也有可能真的很忙，如果還有機會，對方可能會提示其他日期。

所以如果貿然追問：「那麼，下星期日呢？」或是「既然這樣，你什麼時候有空？」只會使兩人都更尷尬。

這時候就是「方糖話術」派上用場的時候了。

當對方拒絕時，請你這麼回答。

「這樣啊，真是太可惜了，那就等下一次的機會了。不過，你這麼重視朋友，真的很棒！」

對方就算把你視為考慮發展戀情以外的對象，被讚美的心情總是愉快的。

然後，還要試著定期聯絡。

但是，這個間隔也很重要。**剛開始一個月一次大概不會有什麼問題**。或許你會覺得很難忍耐這麼久，不過為了避免造成對方壓力，這樣的間隔是有必要的。

當邀請被拒絕時就給塊方糖，再度被拒絕時又給塊方糖。反覆這麼做時，遇到對方自我評價下降時，答應你的邀請的可能性應該就會提高了（上一節介紹的「自尊理論」正好派上用場）。

絕對不要急躁，如果無論如何都希望和對方交往，就要先學會忍耐。

POINT

當對方婉拒時，就是「方糖話術」派上用場的時候。

3

初次約會時，找機會讓對方看手心

攤開雙手，解除對方警戒

假設黑社會正要進行某個交易，彼此要打開手提箱之前必然有個動作。

那就是**攤開手心給對方看**。當然，這是為了表明沒有攜帶任何武器，所以做出這個動作。

這個動作不論東西方，是黑道的不成文規定，也是長久以來的習慣。

對人類而言，雙手非常重要，一旦雙手動作受到限制，能做的事一下子大減。

正因為如此，**攤開雙手讓對方看的行為**，**等於把「請你放心，我不會對你有任何危害」的訊息，植入對方的潛意識**。

順便一提，同樣行為也會發生在人類以外的動物身上。

動物當然不是給對方看手心。

但是，只要有飼養貓或狗的人就會明白，寵物在飼主前露出肚子，應該是習以為常的景象不是嗎？

這就形同人類把手心給對方看的行為。

這個心理效應也能用在男女之間的關係。

如果各位在約會時，尤其是第一次約會，希望解除對方的警戒心，不妨刻意讓對方看你的手心。

從**手相的話題開始**，是建議的其中一個方法。

如果談到手相，一定會讓對方看手心。

先看對方的手相，同時也打開自己的手心給對方看。

這樣就能把自己無意傷害對方的心意，送達給對方。

而且，當對方讓你看他的手心時，也會產生錯覺，認為「你讓我很放心地自己交給你」。

其他還可以運用小遊戲，刻意讓對方看你的手心。

比方說，**我常用自己的手玩「○×遊戲」**。實際上是讓對方寫在手上（用手指比畫即可）。因為一直讓對方看自己的手心，很自然地就會肌膚接觸。

或許接觸方式有點孩子氣，但這是我親自試驗過的有效方式，請務必試試看。

POINT

讓對方看手心，傳達自己無意傷害對方的心意。

4

利用「黑暗影響力」在約會時操控對方

煽動讓對方恐懼的心理

「那個男人，要帶到哪裡去呢？」黑社會為了嚴懲背叛的人，部下似乎會這麼問老大。

例如，有個人每次都暗損毒品交易的營業額中飽私囊，但不幸當場被活逮。

這時候，受到黑道電影的影響，你或許以為會帶到遠離鬧區的海港碼頭來凌虐一番。

最糟的情況，甚至可能會說：「混帳，把你丟進海裡餵魚！」

不過其實遇到這種情況，才不是帶到港口。會帶去的場所，是「山上」。

把背叛者矇上眼睛，開車行駛數十分鐘後，自己究竟被帶到什麼地方都不知道。

然後到了目的地後下車，拿下眼罩，讓他走在漆黑的山路上，帶到完全不知自己身在何處的空曠場所。

這樣的恐懼據說難以想像。

黑道不是把背叛者帶到港口而是選擇深山，想必是下意識中明白**黑暗影響力**吧。

事實上港口這類場所比想像中更明亮，並非適合把人痛扁一頓的地方。

只要稍微有點亮光，人類的恐懼感就會稍微減輕。但是，如果是像深山這樣漆黑的陰暗，恐懼感就會達到最高點。

說了這麼可怕的事情，接下來要進入正題了。人類這樣的本能沒道理不運用在約會上。

同時，也要利用人們常說的**吊橋效應**（Suspension Bridge Effect）。

這是和異性走在搖搖晃晃的吊橋上，因為恐懼使得心跳加速，因而錯覺是戀愛心動的心理效應。

這裡介紹一個提供給男性，巧妙運用這兩個心理效應的兜風約會計畫。

首先是下午帶對方去看電影，這時應該選擇「恐怖片」，看完電影後順便去吃晚餐。享受美味的晚餐後，接下來

就進入真正的重點了。向對方表示想帶她去看夜景，直接開車去兜風。

這時候「黑暗影響力」就會發生作用。

由於時間已經晚了，到了預定的場所前，車窗外也已經變暗了。在車上提及當天看的恐怖片內容，再次煽動讓對方恐懼的心理。然後，把車子停在離觀看夜景一段距離的地方，從那裡走過去。對方的恐懼感若是到了最高點，自然對於牽著手或搭肩不會有所抗拒，因為能令她感到安心。這就是關鍵——**因為產生和這個人在一起能安心的錯覺**。

接著就是看準時機，只要能適時地甜言蜜語一番，應該就有很大機率可以交往成功。

POINT

刻意讓對方心生恐懼感，再給予安全感。

5

故意拉開距離，反能追到「理想型」

理想化的心理效應

某個幫派中有位綽號叫「悲慘泰德」的成員。說來失禮，明明女友長得很抱歉，他照樣得意洋洋地自豪：「她真的很漂亮，只是你們都沒仔細看清楚。」

給十個人看照片十個人都會搖頭的長相，對泰德而言，看起來卻有如模特兒般的女性。

我覺得很納悶，仔細一問之下，原來是他在俱樂部認識的女性，雖然有過一次肉體關係，之後幾乎都沒再見面，總是只有電話聯繫。

這麼一來我就恍然大悟了，那就是**理想化**的心理效應發揮作用。

人們沒有見面的期間越長，越會把對方視為絕佳對象，擅自加以理想化。

刻意運用這個「理想化」效果，便能夠大幅提升你的印象。

比方說，你出席第一次的約會。

這時候若說要完全隱藏本性太言過其實，但仍要盡可能表現出最好的一面。如果你是男性，則要對待女性有如公主般。

當然，如果對方不管說什麼都言聽計從的態度，或許會落到只是被當工具人的下場，一定要注意。

簡單說，要是能讓對方產生「竟然有人這麼重視我」的感受，就有贏面了。

在這次約會中若能成功塑造自己是「理想對象」的印象，接下來要做的事很簡單，只需告訴對方：「因為最近工作很忙，可能有一段時間沒辦法碰面，但我們還要再約會喔！」

這麼一來，**對方在無法和你見面的期間，就會一直想著你，而且還會在想像中擅自把你美化**。

具體來說，你的形象會在她的記憶中朝向她有利的方向修正——「他當時那樣的舉動原來帶著對我的體貼」「他說的那句話背後其實隱含著愛意」。

然後大約以兩、三星期後為目標，再次與對方聯絡。這時邀約對方，對方想必會欣喜若狂，把和你約會的行程列為最優先事項。

最後閒聊一句，鍍金的「理想化」脫落，就是同學會這類的場合。

昔日心心念念的對象，畢業後長時間沒見面，自然而然地在記憶中被美化。然而，當同學會再次碰面，看到彼此都上了年紀的「本尊」，一口氣會將人從回憶中拉回現實。

昔日的美好回憶就這麼珍藏心中，不要再見面或許才是上策。至少，我會這麼做……

POINT

沒有見面的期間越長，越會把對方視為絕佳對象。

6

必定擄獲芳心的「米開朗基羅效應」

掌握對方的理想

男人追求女人，邀對方一起用餐，之後的目的基本上只有一個。不論場面話說的多麼漂亮，與對方產生肉體關係才是最後目的，是大多數男性的內心話。

但是現實生活中，有些男性只要想追的對象就一定會到手，也有男性總是無法一償夙願，究竟其中的差異是什麼呢？

簡單歸結一句話，前者有自信，而後者沒自信。

「那麼，沒有自信的人就無計可施了嗎？」或許有人會這麼想，但這是天大的誤會。

更正確來說，應該是前者在對方眼中看起來有自信，而後者看起來沒自信。

這裡所說的自信，並不是如你心中想像的全方位自信。

而是自信能夠把「我可能會和這個人產生肉體關係」的想像植入女性腦海。

那麼，要讓自己看起來像有這種自信的男人，究竟該怎麼做才好呢？

這時不妨運用**米開朗基羅效應**（Michelangelo Effect）的心理技巧。

「米開朗基羅效應」原本是指相愛的兩個人，只要能夠欣賞彼此的優點（就像把平淡無奇的石頭雕刻成美麗的作品般），彼此的性格都能變化成自己所期望的樣子。

任何人都有「要是能變成某個樣子該有多好」的理想模樣。這不論是對自己或對他人都有的心理。**如果能掌握對方心中理想的樣子，就能表現出對方期望的理想姿態**。

做法很簡單，首先是在一起用餐時，不著痕跡地打探出對方心中理想的男性是什麼樣子，然後續攤到酒吧時，若無其事地在對方面前表現出「其實我和你理想中的男性很接近」。

這時候就算打死你也絕對不能說出「我就是接近你理想中的人」，你所要做的只是**讓對方產生你很接近他心中理想的想法，「不著痕跡」地讓對方知道才是關鍵**。

例如，當對方說「我喜歡可靠的人」，你可以談談後輩依賴你，為後輩盡心盡力解決難題的話題。

當然，這時候絕對不能露出很跩的模樣，而是在言談中盡可能加入衷心想幫助後輩的內容。

像這樣主動運用「米開朗基羅效應」，扮演出「接近對方喜好的自己」。這麼一來，對方就會不知不覺中認為理想的男性出現在眼前，開始意識到你這個人的存在。

當對方開始浮現「不想錯過這個人」的想法時，你只要帶著自信追求，之後就能讓你成功擄獲芳心。

順帶一提，有些黑道運用這個「米開朗基羅效應」，使女性成為囊中物後，甚至利用在生意場上。

雖然是很殘酷的事，但也可以說

證明了這個心理技巧多麼有效。

POINT

讓對方產生你很接近他心中理想的想法。

7

讓對方轉怒為笑的方法

「間隔效應」，不讓情勢升溫

沒有什麼事，比難得的約會卻因為一點小事而吵架收場更令人厭惡。如果可能，誰都希望立刻能言歸於好。

這時候可以當成參考案例的，是如下的故事。

我認識某個經營酒吧的黑道分子。

因為是黑道經營的店，脾氣火爆的客人發生爭吵可說是家常便飯。

這種時候他當然得居間調解，不論在任何爭吵，他總是能讓客人的爭吵大事化小、小事化無。

因為覺得很不可思議，我當時曾問過他其中的祕訣。

他的方法是這樣的。

「當那些傢伙激動起來互相對嗆時，我只需設法控制，避免讓他們演出全武行。他們彼此批判對方到下一個行動發生之間，必定會有空檔。我再趁空檔採取對他們雙方關懷的舉動即可，例如遞上冰毛巾、默默地送上冰水等，通常這樣就能讓他們緩和下來。」

當激怒對方，對方在氣頭上，或是對方在抱怨之際，中途插嘴無異火上加油。

總之，**先讓對方盡情地想說什麼就說什麼**。

不需要認真聆聽，只需佯裝認真在聽的樣子就夠了。

這叫做**間隔效應**（Interval Effect）。趁對方喘口氣，似乎要展開下一個行動的瞬間，加入變數的心理技巧。

例如，約會時惹對方生氣時，先讓對方盡情發洩、暢所欲言。

當然，要是中途對方問你問題，你也要坦白地回答，把你的真心話確實說清楚。

當對方發洩完了以後，你再採取行動。

如果是在餐飲店之類的場所，不妨默默遞出熱飲；如果是在戶外爭吵時，則默默地抱住對方，或是一直靠在對方身旁不要離開，也會很有效果。

然後，當對方冷靜下來時，再說一句「抱歉」，對方為了自己大發雷霆向你道歉的機率也會增高。

對方應該也是真心地想要避免爭吵。

但是，如果你也和對方一樣升溫，就會免不了演變成一場激烈的爭吵了。

因此，你必須表現出自己「態度冷靜」的一面。

POINT

趁對方喘口氣，似乎要展開下一個行動的瞬間，加入變數。

8

在「右耳」提要求，什麼都答應

人腦偏好右耳聽到的聲音

我認識某個很受幫派老大寵愛，名叫梅莉莎的女性。她厲害的地方，就是不管想要什麼，都能讓老大買給她。

聽我這麼說，也許有人認為，既然是黑社會執牛耳的老大所寵愛的女人，當然要什麼有什麼。

但是，老大並不是只有她一個女人，但在這些女人當中，只有她開口要什麼就有什麼。

高級時裝店的名牌服飾自然不在話下，說來令人難以置信，除了高級車以外，連遊艇、私人飛機都央求老大為她買下。

那麼，為什麼老大會對她如此另眼看待呢？

梅莉莎和老大其他的女人相較之下，外貌並不是特別出眾。

不過，我目睹過好幾次她向老大撒嬌的情景，因而注意到一件事。梅莉莎總是靠在老大身旁，在他耳邊輕言細語。這可以說也是一種心理技巧。

根據腦科學研究，耳邊，尤其是**從右耳輕聲細語地懇求，據說對於被拜託的事情答應的比例會大幅升高**。

人類從耳朵進入腦部的聲音是左右耳各別處理，尤其傾向偏好從右耳進入的聲音。

也就是說，如果兩邊的耳朵同時聽到聲音，會以右耳進入的聲音為優先。

根據義大利羅馬大學的研究，腦部的左半邊對於積極的感情產生共鳴，而右半邊則是對否定的感情產生共鳴。

所以，對著右耳說話，所說的內容優先進入更容易接受的左半邊。

雖然我不認為梅莉莎知道這個效應，但她應該是本能地掌握了如何撒嬌的方法。

反正，不需要了解太艱澀的原理，總之記住「要提出請求時，對著右耳說」。

拜託你！♡

如果你是女性，不妨對著男友的右耳，試著悄悄提出請求。

POINT

對著右耳說話，可激發積極的感情共鳴。

9

是否說謊？觀察眼睛怎麼「移」

假如對方眼神往左上移動……

黑社會中撒謊的人很多，但一方面，能夠識破謊言的人也很多。那種人又不是經過特別訓練，卻能輕易從你的言行舉止看穿你的謊言，讓人甚至覺得若是走在不同的人生路上，說不定當警察也能游刃有餘。

但是，即使沒有這樣的特殊能力，只要具備相關知識及訓練，也能看穿他人說的謊。

方法有很多，最簡單的方式就是**注意對方的視線**。

就如同俗話說的「眼睛比嘴巴更會說話」，人們在接收訊息時，一開始最先反應出來的就是「眼睛」。

我還在賭場當荷官時，甚至有某個幫派的上級幹部給我建議：「注視對方的眼睛，這麼做就知道對方是敵是友」。

接下來就以美國語言學家約翰・葛瑞德（John Grinder）及心理學家理察・班德勒（Richard Bandler）提倡的名為NLP（神經語言學）的心理療法中，「如何以眼睛解讀線索的方法」，為各位說明怎麼解讀對方視線。

人類視線動向有許多種。

特別希望各位記住的是從自己的方向來看，「往左上」及「往右上」的兩個視線。

從你的方向來看，**對方視線「往左上」移動時，對方正在創造出一個**

先前沒有想過的影像。以專有名詞來說，稱為VC（視覺建構）。

另一方面，如果從你的方向來看，**對方的視線「往右上」移動時，則表示很可能對方正在回憶過去曾發生的記憶**。這個現象則稱為VR（視覺回憶）。

例如，當你懷疑男女朋友或結婚對象劈腿時，不妨問對方：「今天去了哪裡呢？」

如果**對方的視線由你的角度看來是往左上移動，就是他在回答想像的內容，這表示有說謊的可能**。

相反的，如果從你的方向來看，視線是往右上移動，則表示在追溯記憶，應該就不是說謊了。

首先記住這兩個視線的差異，就能成為看穿是否說謊的參考。

不過希望各位注意的是，這裡只是指出一般原則。

有些人會有個人特殊的習慣，所以最好先從平時的對話中，觀察對方的視線移動特徵是什麼。

POINT

眼睛是靈魂之窗，騙不了人。

10

如果做錯事被發現……

緊抱對方可讓對方消氣

當外遇、劈腿曝光時，就是男女必須面對的戰場。不僅一般人，黑社會的男女之間也經常可見。

在這種男女的戰場上，通常總是有一方處於激動狀態，另一方則是焦急狀態。

話雖如此，一般來說容易曝光的情況以男性居多，很容易出現悲憤交集的女方痛罵男方、亂丟東西、責問等場面。

這種時候，絕對不要找藉口，這麼做只會火上加油。那麼，應該怎麼做呢？

我曾經聽某個黑道說，道上有個不論遇到多麼慘烈的戰場，都能在一個鐘頭後收拾得乾乾淨淨的男人。當然，他並不是使用暴力讓對方服從。當他置身於戰場時，他所做的，就是**緊緊地抱住對方**。

雖簡單地說是抱緊對方，但其實採用的姿勢仍有必須留意的關鍵。

兩人坐在地上或沙發上，以面對面的姿勢緊緊抱住對方，這麼一來，就能讓對方從激動狀態平復。

這稱為**嬰兒抱效應**（Baby-hold Effect）。人類因為維持嬰兒時期「擁抱」的姿勢，能夠使心情平靜下來。

當然，對方一開始可能因為處於激動狀態而難免失控，但還是要忍耐著抱緊對方。

然後等到對方激動的情緒漸漸平息，再溫柔地告訴對方「我愛你」。

我也曾經試過這個方法，確實效果立見。

只不過，有一個問題。

這個「嬰兒抱效應」，無論如何都只能用在對方對你仍有情意的時候才有用。

要是一天到晚持續背叛對方，對方已對你沒有一絲愛意時，就不會有效，請務必注意。

POINT

既然做錯事了，就誠懇道歉，並擁抱對方。

11

如果到了必須提分手的時候……

巧妙利用「標籤效應」

「天下無不散的宴席」。就如這句俗話說的，即使昔日相愛的男女，有時當時間流逝，可能就有一方提出分手。

如果是兩人都有分手的預感也就算了，如果對其中一方來說如晴天霹靂，可能就會談不攏，無法立刻談出結論。

如果你打算和對方分手，不妨使用**標籤效應**的心理技巧，讓分手能夠往對你有利的方向進行。

我曾經聽聞某位和黑道離婚的女性的故事。

她在協商離婚協議時，對前夫這麼說。

「雖然你對我而言稱不上是個好老公，但是對孩子而言卻是個很棒的父親。你要付給我的贍養費遲了也無所謂，所以請你確實支付給孩子的養育費，因為我希望你不要辜負孩子對你的期盼。」

後來聽說對方連一次都不曾拖延過養育費的支付。

雖然不清楚她是否刻意運用這個技巧，但她說的這一番話，很明顯應用了「標籤效應」，那就是「對孩子而言是個很棒的父親」。

人們即使原本沒有的想法，**一旦被貼上標籤後，就會自動帶入他人所設定的形象，認為一定要照著這樣的印象行動**。

每一次在談離婚協議時，就被貼上「很棒的父親」標籤的黑道，至少會覺得必須負擔起孩子的養育費。

「標籤效應」當然也可以運用在男女朋友間分手時。

例如，某個女性想和一直對於結婚這件事拖拖拉拉的男友提分手時。

「你真的是一個很溫柔的人，可是，你的溫柔令我很痛苦。」

像這樣先貼上「溫柔的人」的標籤。

這麼一來，當對方感受到「自己是個溫柔的人，但正是這樣的溫柔使對方痛苦」的兩難，就難以拒絕分手的請求。

簡直就是以一句話操控對方的「標籤效應」。如能巧妙運用的話，就能使分手的話題，朝你有利的方向進行。

POINT

一旦被貼上標籤後，就會接受他人的設定形象。

YOU ARE IN THE DRIVER'S SEAT

CHAPTER 5

威力強大！讓對方無路可退的究極心理技巧

1

給人下馬威的技巧

像關在籠裡的鯊魚一樣凶暴

這一章要介紹的是不僅可在人際關係掌控主導權，並且能把對方逼到無路可走，威力強大的心理技巧。

不過，就如同我一開始在本書的說明，這些都是無論如何都只是希望讓各位知道的一些知識技巧，並不建議積極使用，請務必留意。

近年來，人際關係較不嚴謹的職場逐漸增加。

在這樣的職場中，對前輩或主管的態度有如朋友，其中甚至可能有帶著輕視態度的後輩。

不想讓後輩小看的心理技巧有很多，這裡要介紹的是黑道的做法，是稍微有些激烈的方式。

眾所周知，日本社會重視人際往來間的禮儀。

例如，某個後輩說出「有機會務必讓我參加聚餐」的提議，於是你立刻邀請：「那就今天晚上去喝兩杯吧？」

結果被後輩拒絕：「不，今天有其他約會，不太方便。」而且沒有表示任何下次再約的意思。

像這樣的事情在黑社會是不可能被允許的。

如果毫無任何收尾地拒絕來自老大哥的邀請，黑道大哥下一刻免不了就會大發雷霆：「混帳！你是不是瞧不起我？」情況嚴重時甚至可能動手。

以上的應對方式，說不定可巧妙地運用在職場關係試試看。當後輩以輕率、敷衍的態度應對時，立刻進攻：「很好，選日不如撞日，今晚就去！」然後要是被拒絕了，就對他發脾氣。

這時候，必須注意生氣的方式。方式是**立刻震怒，然後立即冷靜下來**。這種生氣方式是最可怕的。

這麼一來，對方就不敢再以輕率的態度發言，或是以朋友的態度對你。

像這樣無法再對主管或前輩以輕率態度發言的心理狀態，稱為**鯊魚籠**。

凶暴的鯊魚，即使在海中被關入堅硬的籠裡，要是太過刺激牠，牠照樣會朝著籠子攻擊，有時甚至會破壞籠子而發生攻擊人類的事件。

各位不需要「凶暴」到這種程度，但若是希望能及早給後輩下馬威，我特別建議這個方法。

如果想試試看，務必記得要有所節制，避免失控。

POINT

最可怕的發怒方式，是立刻震怒，然後立即恢復冷靜。

2

挫對方銳氣的有效技巧

製造讓對方心態鬆懈的機會

「喂，最近那個新加入的傢伙很囂張嘛！稍微教訓他一下！」

假如新成員加入組織才半年左右，特別是沒有加入任何派系，當能力展現過度耀眼時，中級幹部的黑道就會說出類似上面的話。

嫉妒、互扯後腿的事在一般商場上也會發生，但在黑社會，做法就相當激烈。

比方說，唆使新人和老大的女人發生肉體關係，然後再私下把證據交給老大。

結果，隔天開始就再也沒見過新人露面，而老大的女人直接入院一段時間。這種情況可說見怪不怪。

至於是為什麼，就任憑各位自行想像了。

當然，一般社會不需要做到這種程度，我也不建議這麼做。

而且，要擊垮對方的辦法多得是，這裡就介紹一個「挫對方銳氣」的有效技巧吧！

人類是一種**在關注狀態下會努力工作，但若是沒有被關注，自由地愛做什麼就做什麼，就很容易懈怠的動物**。

請回想一下童年時的狀況，就算在父母親面前唸書時能集中精神用功，在自己的房間沒人看管時，就很容易開始翻漫畫、打電動，鬆懈偷懶。

利用這個特性，有一種心理技巧叫做**霍桑效應**（Hawthorne Effect）。

所謂「霍桑效應」，是指當被觀察者知道自己成為觀察對象，反而改變行為模式的效應，是原本藉由觀察工人們的工作條件與生產力之間的關係而開始的實驗，但後來卻發現工人們因為參與實驗（被關注），在工作條件差的狀態下生產力也不見降低，於是將此實驗所觀察到的結果命名為「霍桑效應」，不過其實用性後來也極為普遍地廣為人知。

要是你的部門來了一位優秀後輩，你擔心放任不管會使你工作不保，不妨反過來運用這個心理技巧——**逆霍桑效應**。

具體做法就是在後輩努力的時候，藉機告訴他「不需要這麼著急，主管也不是很喜歡逼得太緊」，或是「工作並不是每件事都快點做好就行了，也得要求細節。因為我們是一個團隊，稍微放慢腳步配合一下，不要打亂團隊運作」等。

在組織當中，這句**「不要打亂團隊運作」**的訊息，是相當有用的必殺句。有工作能力、工作效率也高的後輩，不免會心想「原來是這麼回事啊」，而放慢腳步。

這麼一來，周圍的人可能會開始出現「那個新人最近工作效率變差了」的聲音。

當後輩無所適從，也許會怪罪於你。

這時你只需冷淡回應，「我只是提醒你工作必須仔細觀察其他人的狀況，可沒說工作慢慢來也沒關係。」

如果認為使用這種做法導致後輩處境可憐的話，就不要依賴心理技

巧，憑自己的實力，努力超越後輩吧。

POINT

忍不住想扯後腿，就乾脆扯得漂亮。但若實力不足小心反被設計。

3

巧妙運用「流言」

即使無風，也會起浪

有句話說「無風不起浪」，就如大家所知道的，這句話意指流言的發生，總會有某些根據。

但是在網路發達的現代社會，有違事實真相的訊息一旦任其擴散自動發展，即使原本無風的地方也有可能掀起驚濤駭浪。

說句令人不安的話，**若是巧妙運用「流言」，也有可能讓一個人的評價直墜谷底**。

黑社會世界裡像這樣運用流言的策略，可說不勝枚舉。

例如出現某個看不順眼的人，首先偷偷向情報販子咬耳朵，「看到老大的女人和那傢伙進去旅館」，或是「那個人把大筆錢藏在貨車裡」。

這時，重要的是**先確認想讓其失勢的對象，行事有什麼漏洞可做文章，然後看準對方的漏洞散布流言**。

例如，平時女人風評就不佳的人，就散播與女性糾紛有關的流言；如果是在金錢上不乾不淨的人，就散布有關金錢糾紛的流言。

這些訊息一旦進了情報販子耳中，之後不久就會傳入會懲戒他的人的耳中了。

另外，藉用「情報販子」散布流言是有原因的。

因為**流言的散布，介入其中的人數越多，聽起來越令人覺得真實**。

人們對於被散布流言的人而言，多少都會摻雜某些想法。

然後從情報販子散布出去，透過多數人為媒介，每個人各自的想法就會多少混入流言內容。

最後的結果，就造成虛虛實實混在一起的流言，整體聽起來彷彿「真有那麼一回事」。

同樣的，在辦公室散布流言時，理論上也一定要**透過他人**。

比方說印象中性好女色的能幹對手，想讓他失勢的話，不妨把「聽說他對公司的女職員下手」的流言，不動聲色地讓最喜歡辦公室八卦的女性

知曉。

千萬小心，絕對不要由自己親口四處散布流言。

POINT

散布流言的人越多，聽起來越真實。

4

孤立他人的方法

活用「黑白棋效應」

本書主要是以黑社會的案例為主，介紹我在與黑社會交往的經歷中學習到的心理技巧。

這一節我想稍微改變一下方向，介紹美國情報機關ＣＩＡ所使用的心理技巧。

這是ＣＩＡ進行組織內部的間諜工作時，對造成阻礙的人使用的「讓特定人士在組織內被孤立」的技巧，果真不愧是禁止惡用的心理術。

以下舉職場為例說明。

假設公司裡有個你非常討厭的人。除了討人厭以外，這個人多少或許有些個性上的問題。

如果打算孤立這個人，最佳捷徑反而是**成為討厭的人唯一的同伴**。

首先在不讓對方察覺自己真意的情況下，接近對方建立良好交情。然後某一天，當對方開始找你商量事情時，就可以準備收割了。

對於開始打開心胸的對方，告訴他「辦公室的人都在背後說你壞話，他們很討厭你」。

以這個做法讓對方對其他同事疑神疑鬼，漸漸造成他的孤立。

最後等到他在辦公室只剩你一個同伴時，你再看準時機遠離他就行了。

這麼一來，他就完全被孤立了。

我把這個心理技巧稱為**黑白棋效應**。黑白棋，又叫「翻轉棋」。一般棋子雙面為黑白兩色，故稱「黑白棋」。因為行棋之時將對方棋子翻轉，變為己方棋子，故又稱「翻轉棋」。

對被你孤立的人而言，你正有如黑白棋般，從「友方」翻轉成「敵方」。

話雖這麼說，請千萬別抱著輕鬆心態，使用這個心理技巧喔！

POINT

有如黑白棋般，看準時機從「友方」翻轉成「敵方」。

5

合法的威脅法

幻想偏見效應

就如我在本書前言所述，我以前曾在賭場當荷官。因為這個緣故，我也認識許多負債累累的玩家。

或許這麼說很嚴苛，如果是為事業而負債也就罷了，像這樣在賭場浪擲千金的人，共通點都是因為對自己太過縱容。

他們因賭博而借錢，卻又想靠著賭博償還欠債的想法，使得他們陷入惡性循環。

甚至還老想著萬一真的還不出來，只要神隱到某個地方避不見面就行了。

像這樣的人，有辦法成功向他們討回借款嗎？

真名我就不說了，加拿大也有像日本一樣的地下錢莊。

聽說某個在地下錢莊工作的男人，向這些因為賭博而欠債的人，回收借款的成功率是百分之百，實在是很厲害。我就介紹從他的小弟那裡聽來的做法吧！

他會先找出借款人，然後把他帶到自己的辦公室。

雖說是帶到辦公室，並不是用強制綁架的方式。據說，他總是很客氣地向對方說：「你看，我並沒有想對你使用暴力，只是想跟你好好討論今後該怎麼做，在你能力範圍內還清借款就可以了。」

聽他這麼一說，幾乎所有人都會滿不在乎地隨他回辦公室。

只不過一到辦公室，他的態度就會一百八十度轉變。

他在借款人面前突然開始毆打自己的小弟，而且是打到快半死的狀

態。

「都是因為你沒把事情辦妥，這個人才沒辦法好好還錢！」

小弟當然差點被他的氣焰嚇死，不過比小弟更嚇破膽的，則是借款人。

看準時機後，對方告訴他：「現在立刻打電話還是用什麼辦法，找人借你錢來還。」

像這樣親眼目睹有人在面前被打到快沒命，然後追討著要錢，相當令人毛骨悚然，所以就會設法找幾個人籌錢。

於是他就能先拿回本金，再要求對方慢慢償還利息，以百分之百的回收率而自豪。

他並不是直接威脅借錢的當事人，他使用暴力的對象是自己的小弟，但借款人卻不由得感到恐懼。

我把這個心理技巧稱為**幻想偏見效應**。因為對小弟使用暴力，讓對方產生幻想而形成偏見的心理技巧。

另外，說到那個被揍得半死的小弟，事實上每次都會分到幾成利息，所以也不是沒有獲得好處。

雖然是很激烈的方式，如果把這個技巧用在工作上會是如何呢？

例如年輕部屬說了很囂張的話，不妨在本人面前叱喝負責教育他的前輩：「都是因為你沒把他教好！」

不過這裡要注意的是，絕對不能在眾人面前斥責。無論如何都只能在只有那個部下及前輩在場時才能斥

責，否則會傷了前輩的自尊心。

另外為什麼責罵前輩，務必要向當事人說明理由，如果能在事前就先告訴對方理由是最好的。這麼一來，部下應該就會震懾於你的威勢，重新調整心態。

POINT

殺雞儆猴，指桑罵槐，是非常有用的心理技巧。

6

別被崇高的理念洗腦

任何人都可能被洗腦

日本近幾年來，「黑心企業」形成社會一大問題。看了一連串的報導，令我想起所謂的邪教團體。雖然和黑道、幫派不同，但他們也可說是一種黑社會組織。

黑心企業支付低薪卻要員工長時間勞動，邪教則是要求信徒做過度的宣教活動，甚至還捐出自己的財產。

然而，邪教信徒卻仍然依賴宗教，不論周圍的人如何苦勸，他們仍然相信所信仰的教主才是正確的。

這樣的洗腦只要不解除，就絕對難以從中掙脫。

很多人常誤會，**其實會被洗腦的人並不是只有心靈脆弱、學歷低的人。**

過去曾在日本造成騷動的新興宗教，信徒裡不也是有許多被視為精英的高知識分子嗎？

任何人都可能被洗腦，而且非常簡單。

要我說的話，社會上常見的**企業理念**，也是一種洗腦。

只要是公司員工，就一定要遵守，而且遵守的是門檻很高的崇高理念。

員工共同遵循、守護這樣的理念，漸漸地對組織萌生忠誠及依賴。

把組織的字眼換成「邪教」；把理念換成「教義」，其實結構很相似不是嗎？

不過希望各位不要誤會，我並不是認為懷有理念的企業，全都是在為員工洗腦。

我的意思是，所謂洗腦，類似這樣**共同懷有一種理念**才是關鍵。

POINT

理念、理想、願景，也是洗腦。

7

一句話，讓對方成為囊中物

越得不到就越想要

「我心裡有個怎麼也忘不了的人，唉～」

發出這聲嘆息的，是大家叫他公牛，身高近兩公尺的巨漢，不用說也是幫派裡的成員。

明明是混幫派的人，卻有這麼多愁善感的一面，他是我曾來往的人當中最喜歡的一個。

很遺憾他在槍戰中失去生命，他真的是一個很好的人，如果不是加入幫派，以他的體格必定可以成為優秀的格鬥家，我至今仍覺得遺憾。

他總是愛上一般的尋常女性，對自己是黑道一事絕口不提，有一天他跟我說：「我不久前向一個心儀的女性告白，結果慘敗。她說『我雖然喜歡你，卻沒辦法跟你交往』……」

公牛直到槍戰身亡的那天，都還是對這位女性念念不忘。

雖然當時我還不明白，其實公牛的情感（當然跟他性格純情也有關係）受到**卡利古拉效應**（Caligula effect）的影響極大。

所謂「卡利古拉效應」，就是**對被禁止的事，反而越想打破禁忌的心理狀態**。

這個效應的名稱由來，是因為以羅馬帝國皇帝為藍本而拍攝的電影《羅馬帝國艷情史》（原名「卡利古拉」）。由於劇情涉及荒淫的內容，在美國波士頓等一部分地區禁止公開上映，卻反而成為人們的熱門話題。

日本民間故事中，也常出現故事中的角色說「絕對不可以看喔」，結果反而令人更想看的情節。

莎士比亞的經典名劇《羅密歐與茱麗葉》，或許也可說是極致的「卡利古拉效應」。正因為被禁止，彼此才會產生至死不渝的愛情。

如果能巧妙利用這個心理，只要一句話就能讓對方成為籠中鳥。

就像公牛對心上人迷戀的情況一樣，當接收到對方的告白時，然後告訴對方「我雖然喜歡你，但無法跟你交往」，找一個理由當成發展阻礙。

對方縱使很想進一步交往，卻無法順心，這個無法順心的狀況，也是使公牛無法自拔的因素。

也許有人會問，外遇、劈腿等情況，根本就是因「卡利古拉效應」而生的產物吧！

但是以上這些情況是雙方都意識到這樣的感情是被禁止的，基本上是因為共同擁有一個祕密，所以使得戀情升溫。
如果身陷這種情況必須特別注意，假如一旦拋棄家庭或原本的戀人，很可能兩人的愛情會突然急速冷卻。

POINT

巧妙運用「卡利古拉效應」，就能有效控制對方。

8

讓對方心生依賴的最惡技巧

「社會隔離」的強大威力

日本家暴受害件數年年上升，形成社會問題。

家暴的施暴者都有類似的共通點，那就是幼稚的獨占欲極為強烈。

就算只是男女朋友與其他異性交談，或只是有自己不知道的行動，都無法允許。

從調查中可知，當獨占欲隨著時間變高，轉而演變成暴力事件的危險性也會大增。

兩人剛開始交往時，頻繁地相互聯絡，這時受害者逐漸對加害者產生心理上的依賴。

因此，當中途加害者開始束縛，受害者會自我安慰地告訴自己是因為被愛，所以加害者會有這些行為。

然後，當束縛變本加厲，最後就形成暴力。

不過或許有人不清楚，家暴分為幾個種類。有身體暴力、精神暴力、限制生活費等經濟暴力、性暴力，以及**社會隔離**。

所謂「社會隔離」，就是指**經常性地監視對方的行動、限制對方與朋友和家人聯繫**等。

不僅是流氓、幫派，黑社會分子以社會隔離來進行暴力對待的人並不少。

不用我多說，人類當然是社會性動物，我們都歸屬於某個集團，都有希望被他人承認的欲望。

當反過來壓制這樣的欲望，把某人與社會強制隔絕，就是屬於「社會隔離」的暴力。

要把這個方式稱為心理技巧雖令人有些抗拒，不過就**破壞受害者的人際關係，讓其依賴加害者的效果來看，確實厲害**。

附帶一提，我以前也曾被某個女性「社會隔離」過。

雖然不是件能大肆張揚的事，該女性的背景也和黑道相關，我想一定是以前她曾經遭受過的對待，下意識地也用在我身上吧。

現在回想起來，也覺得當時會那麼毫無道理地聽她擺布實在不可思議，因為當時我覺得自己可以信任的人就只有她了。

簡直就是一個把對方逼迫到無處可逃的惡劣心理技巧。

POINT

這是最惡的心理技巧，切記不要陷入這樣的境地。

結語

如蛇如鴿，各種場合都能掌握主導權

「你們要靈巧像蛇，馴良像鴿子。」（《新約聖經》馬太福音，第十章第十六節）

這是耶穌在宣揚教義的過程中，告訴弟子的一句話。

一神論的基督教對當時多神論的羅馬帝國而言，是一個不受歡迎的宗教，傳教的弟子們受到強烈的迫害。因此，耶穌才會說要如「蛇」般靈巧，小心保護自身的生命安全。

然而，過度戒慎提防，無法信任對方時也難以傳教，因此必須如同「鴿子」般馴良老實。

事實上，許多黑道人物都奉聖經這句話為座右銘。他們若是過度謹慎就無法前進，但太過老實又可能遭人利用。

本書所要傳授給各位讀者的「掌控主導權的技巧」，也可說正是各取「蛇」與「鴿子」的優點而加以運用的心理技巧。

不論在工作場所或私人生活，若能比他人早一步站在對自身有利的位置，就能好整以暇、隨心所欲地朝自己的目標前進。這麼一來，你所未曾想像的世界，將在眼前擴展。

「知道與不知道之間，天地雲泥。」這是某位經營者曾說過的話，而「掌控主導權的技巧」，在知道與不知道的人之間，人生也勢必會有一百八十度的差異。

本書的出版，多虧各方人士竭心盡力地提供協助。一般社團法人日本讀心術協會理事岸正龍、LIVE、山田稔。協會認定講師古田朋美、河村有利、下垣直哉、大嶋一平，以及直傳弟子大久保雅士、遠塚慎吾、竹內和弘、中村洋介、平尾諒、柳知明、沖田一希、清水慎司、北尾俊、石田良平、河原達、秋元隆、山本笑璃、道場俊平、MIZU等人，給我許多關於心理技巧的回饋。

最後，向總是在身旁支持我的妻子美奈，獻上我的謝意。

國家圖書館出版品預行編目（CIP）資料

主導權｜從沒人理你，到人人聽你！巧妙支配97%人心的暗黑心理學：57個攻心法則，讓你掌握大局，隻手遮天／小羅密歐・羅德里格斯（Romeo Rodriguez Jr.）著；卓惠娟譯. -- 三版. -- 新北市：一起來出版, 遠足文化事業股份有限公司, 2024.06

256面；14.8×21公分. --（一起來；ZTK6012）
譯自：気づかれずに主導権をにぎる技術
ISBN 978-626-7212-89-9（平裝）

1.CST: 人際關係 2.CST: 讀心術

177.3 113007789

一起來 OZTK6012

主導權｜從沒人理你，到人人聽你！
巧妙支配 97% 人心的暗黑心理學：

57 個攻心法則，讓你掌握大局，隻手遮天

気づかれずに主導権をにぎる技術

作　　者　小羅密歐・羅德里格斯 Romeo Rodriguez, Jr.
譯　　者　卓惠娟
主　　編　林子揚

總 編 輯　陳旭華 steve@bookrep.com.tw
出　　版　一起來出版／遠足文化事業股份有限公司
發　　行　遠足文化事業股份有限公司
　　　　　23141 新北市新店區民權路 108-2 號 9 樓
　　　　　電話｜ 02-22181417
法律顧問　華洋法律事務所　蘇文生律師

封面設計　初雨有限公司
排　　版　藍天圖物宣字社
印　　刷　通南彩色印刷有限公司

初版一刷　2019 年 1 月
三版一刷　2024 年 6 月
定　　價　360 元
ISBN　9786267212899（平裝）
　　　9786267212783（EPUB）
　　　9786267212790（PDF）

Original Japanese title: KIZUKAREZUNI SHUDOKEN WO NIGIRU GIJUTSU
by Romeo Rodriguez Jr.

Original Japanese edition published by Sanctuary Publishing Inc.
Traditional Chinese translation rights arranged with Sanctuary Publishing Inc.
through The English Agency (Japan) Ltd. and AMANN CO., LTD,

本書插畫、封面左圖、封底圖片：© Chino A
封面右圖：© Shutterstock ／ jesadaphorn